2018年度全国会计专业技术资格考试一本通
初级会计资格

初级会计实务

恒企教育专业建设中心 编

中国商业出版社

图书在版编目（CIP）数据

2018年度全国会计专业技术资格考试一本通. 初级会计资格. 初级会计实务 / 恒企教育专业建设中心编. —北京：中国商业出版社，2017.12

（考霸魔方系列）

ISBN 978-7-5208-0115-7

Ⅰ. ①2… Ⅱ. ①恒… Ⅲ. ①会计实务 – 资格考试 – 自学参考资料 Ⅳ. ①F23

中国版本图书馆CIP数据核字(2017)第254113号

责任编辑：唐伟荣

中国商业出版社出版发行

010-63180647　　www.c-cbook.com

(100053　北京广安门内报国寺1号)

新华书店经销

广州市丰秀印务有限公司印刷

*

787×1092毫米　　1/16　　12.5印张　　250千字

2018年1月第1版　　2018年1月第1次印刷

定价：49.00元

* * *

（如有印装质量问题可更换）

使用说明

教材编写及使用说明

　　本套辅导教材由恒企教育专业建设中心，根据全国会计专业技术资格考试领导小组办公室最新印发的《初级会计专业技术资格考试大纲》以及最新颁布的相关经济法法律法规，结合历年考试真题的重点精心编写，旨在帮助广大考生系统、全面地学习和掌握考试大纲的知识内容。

　　本套辅导教材有《初级会计实务》和《经济法基础》两册，内容紧扣最新考试大纲，知识结构明确，理解难度适中，同时搭配独创的在线学习联动模块，让每一位考生都拥有专属的学习方案，为考生通关护航。

　　本套辅导教材配有独创性和定制化的学习体系（使用方法视频解说请扫描二维码）。具体介绍如下：

1. 基于"测评"的定制化学习方案

　　考生可扫描封面二维码关注微信公众号"恒企图书"，输入对应图书激活码进行注册登录，即可开始"前置测评"，系统会根据测评结果为考生定制专属的"学习方案"，并给出第一阶段学习的调整方案，考生可根据"学习方案"展开阶段性的学习。

　　每个阶段的学习过程中，"学习方案"会开启对考生进行线上"检测"。当考生完成本阶段的学习后则会对考生进行"阶段测评"，以考察考生的学习水平，真正做到"及时发现问题，有效解决问题，绝不遗留问题"，同时系统也会根据评测结果给出下一阶段的学习调整方案。

　　当考生完成辅导教材主体内容的学习之后，"学习方案"将开启对考生学习成果进行线上"诊断"，最终会给出最系统、最全面的诊断结果，并针对考生学习水平的不足之处推荐相对应的"学习药方"。

2. 思维导图

　　本套辅导教材的"思维导图"不同于其他辅导教材给考生呈现的综合知识架构图，而是按章给出部分"思维导图"的结构框架，引导考生在学习过程中将"通关宝典"的内容进行梳理，根据考生自己的理解去绘制"思维导图"，这种方法可使考生对章节的知识点和架构之间的联系进行更深层次的记忆和掌握，达到事半功倍的学习效果。在独立绘制"思维导图"之后，考生可通过扫描思维导图旁边的二维码查看"思维导图"完整版参考图例。

3. 通关宝典

　　"通关宝典"是对知识点和考点精炼的文字内容，是本套辅导教材的知识内容主体，与线上"学习方案"的课程章节和相关测评紧密联系。

（1）为了让考生更直观地了解"通关宝典"中的知识点在考试中的重要性，知识点序号前会标有★来表示其重要程度：

★★★表示该知识点非常重要，在考试中出现频率很高，需要考生着重学习理解。

★★表示该知识点较为重要，在考试中出现频率较高，或者是考试大纲中要求掌握的知识点。

★表示该知识点一般重要，是考试大纲中要求熟悉的知识点。

没有★表示该知识点在考试中出现频率较少，是考试大纲仅要求了解的知识点。

（2）为了让考生更直观地了解"通关宝典"知识中的关键点，特别采用了颜色符号体系，如下所述：

方正准雅宋_GBK+绿色+双划线：主关键词

汉仪中楷简：次关键词

黑色+单划线：次次关键词

黑色+双划线：分点列举时的次关键词

绿色+单划线：分点列举时的次次关键词

着重号：举例说明

表中符号使用同上，但具体操作比较灵活。

所有的考点视其在考试中的重要性会配有相应试题，供考生边学边练，深入掌握知识点。部分疑难重点附有相应的课程视频二维码，考生扫描二维码即可直接观看对应知识点的视频课程，使考生更为透彻地理解知识内容，部分知识点亦配有记忆方法，方便考生科学记忆。本套辅导教材中会有【总结】、【易混点】、【注意】、【对比】、【小剧场】等提示板块，进一步提高考生学习的效率。

4. 考霸手稿

"考霸手稿"是实现考生与考霸"零距离"的模块。此模块主要以考霸的解题视角对历年真题进行系统全面的剖析，并整理相应的应试技巧及考试经验分享给考生，更加贴近考生的学习习惯，更加人性化，便于考生掌握解题思路，增强考生的应试能力。

5. 模拟试卷

考生在完成对"通关宝典"和"考霸手稿"的学习之后，本套辅导教材根据考试大纲中的考点甄选试题，还精心设计了一套纸质模拟试卷。模拟试卷用来考核考生对本套辅导教材中内容及解题技巧的掌握和运用水平，答案解析需要考生扫描对应的二维码进行查看。

本套辅导教材的编写组本着严谨认真、精益求精的态度编写内容，但由于时间有限，书中难免出现错漏与不足，恳请广大读者批评指正！联系方式010-52479895。

目录

第一模块 思维导图（插页）

第二模块 学习方法 ... 1

第三模块 通关宝典 ... 3

第一阶段学习方案 ... 3
第一阶段通关宝典 ... 5

第一章 会计概述 ... 5
- 第一节 会计概念、职能和目标 ... 5
- 第二节 会计基本假设、会计基础和会计信息质量要求 ... 6
- 第三节 会计要素及其确认与计量 ... 9
- 第四节 会计科目和借贷记账法 ... 13
- 第五节 会计凭证、会计账簿与账务处理程序 ... 17
- 第六节 财产清查 ... 29
- 第七节 财务报告 ... 31

第二阶段学习方案 ... 32
第二阶段通关宝典 ... 34

第二章 资产 ... 34
- 第一节 货币资金 ... 34
- 第二节 应收及预付款项 ... 37
- 第三节 交易性金融资产 ... 42
- 第四节 存货 ... 44
- 第五节 固定资产 ... 59
- 第六节 无形资产和长期待摊费用 ... 67

第三阶段学习方案 ... 74
第三阶段通关宝典 ... 76

第三章 负债 ... 76
- 第一节 短期借款 ... 76
- 第二节 应付及预收款项 ... 78
- 第三节 应付职工薪酬 ... 82
- 第四节 应交税费 ... 86

第四章 所有者权益 ... 94
第一节 实收资本 ... 94
第二节 资本公积 ... 97
第三节 留存收益 ... 97

第五章 收入、费用和利润 ... 102
第一节 收入 ... 102
第二节 费用 ... 113
第三节 利润 ... 118

第六章 财务报表 ... 125
第一节 资产负债表 ... 125
第二节 利润表 ... 128
第三节 所有者权益变动表 ... 130
第四节 附注 ... 130

第四阶段学习方案 ... 134
第四阶段通关宝典 ... 136

第七章 管理会计基础 ... 136
第一节 管理会计概述 ... 136
第二节 产品成本核算概述 ... 141
第三节 产品成本的归集和分配 ... 142
第四节 产品成本计算方法 ... 156

第八章 政府会计基础 ... 160
第一节 政府会计基本准则 ... 160
第二节 事业单位会计 ... 163

第四模块 考霸手稿 ... 169

第五模块 应试技巧 ... 181

第六模块 模拟试卷 ... 183

第二模块　学习方法

众所周知，初级会计实务这门课程，有两个特点：一是考点覆盖全面，重复率低；二是重点内容突出，综合性较强。那考生们怎样更有效率地学习呢？下面我们给您介绍。

1. 结合前置测评，选择适合自己的学习方案

最好的不一定是适合的，适合的才是最好的。学习也应当如此，要先认识自己，知道自己适合什么样的学习方案，不要选择难以实现的"虚假"方案！知己知彼，方能百战不殆！而且在学习过程中，一定要严格按照学习方案的进度学习，不能三天打鱼两天晒网！

2. 全面高效地学习通关宝典

考生一定要全面学习通关宝典，通关宝典是根据考试大纲、历年考试真题所提炼出来的高频考点，考生需认真看书，把所有的考点弄清楚，一定要理解透彻。学习过程中如果一知半解，那么考试的时候就会不知不解！

3. 用心做题，学会举一反三

想要顺利地通过考试，那么做题就是必不可少的手段。通过做题，我们可以及时发现问题和解决问题。建议考生还是应该多做真题，因为这样能更加接近考试的难易程度，更加容易掌握考试的出题风格。而且做题不能只做这一道题本身，而是应该揣测出卷老师的考核思路，培养能找出题目的"坑"的能力，然后再把对应的知识点整个梳理一遍，形成知识框架，这样自然就能事半功倍！

4. 巧安排，提效率

早上一起床或晚上睡觉前，可按照记忆规律安排相应的记忆内容。心情愉悦、效率高时可学习难度大、相对枯燥的内容；注意力不集中、学习效率低时可安排自己感兴趣的、相对容易的内容学习。学习一段时间之后要进行适当的体育运动，有氧运动是让大脑得到休息的好方法，调整好自己的状态之后再继续备战。

5. 善于总结，掌握巧妙的记忆方法

近两年初级会计职称考核的内容进一步加大，考生在备考过程中要学会归纳总结，注意总结知识之间的共性和个性，注意容易混淆的知识点。对于重点与非重点的内容，切忌平均用力。重要内容要深入理解总结，非重要内容可一带而过。记忆的时候，还可以把考点图像化、串联化、幽默化、夸张化，达到刺激大脑从而巧妙记忆的效果。

[1]

第三模块　通关宝典

第一阶段学习方案

前置测评

学习方案一（70模块过单科）

	学习方案一			
阶段—模块	学习、复习内容	检测	完成日期	定制调整内容
1-1	学习第一章第一、第二节	—		
1-2	学习第一章第三节	—		
1-3	学习第一章第三节	—		
1-4	学习第一章第三节	—		
1-5	学习第一章第四节	—		
1-6	学习第一章第四节 复习第一章前四节	1-1		
1-7	学习第一章第五节	—		
1-8	学习第一章第五节	—		
1-9	学习第一章第五节	—		
1-10	学习第一章第六、第七节 复习第一章	阶段1测评		

学习方案二（50模块过单科）

	学习方案二			
阶段—模块	学习、复习内容	检测	完成日期	定制调整内容
1-1	学习第一章第一、第二节	—		
1-2	学习第一章第三节	—		
1-3	学习第一章第三节	—		
1-4	学习第一章第四节	—		
1-5	学习第一章第四节 复习第一章前四节	1-1		
1-6	学习第一章第五节	—		
1-7	学习第一章第五节	—		
1-8	学习第一章第六、第七节 复习第一章	阶段1测评		

学习方案三（30模块过单科）

学习方案三				
阶段—模块	学习、复习内容	检测	完成日期	定制调整内容
1-1	学习第一章第一、第二、第三节	—		
1-2	学习第一章第四节 复习第一章前四节	1-1		
1-3	学习第一章第五、第六、第七节 复习第一章	阶段1测评		

第一阶段通关宝典

第一章 会计概述

本章考情分析

本章是今年新增内容，原为会计从业资格考试《会计基础》的内容。学习本章，要求掌握会计基本假设与会计基础、会计信息质量要求、会计要素的确认与计量；掌握借贷记账法的记账规则与试算平衡；掌握凭证填制审核、对账结账方法、错账更正及账务处理程序、财产清查等内容。

第一节 会计概念、职能和目标

一、会计概述

★考点1．会计的概念：
（1）以<u>货币</u>为主要计量单位；
（2）采用<u>专门方法</u>和程序；
（3）对经济活动进行完整、连续、系统的<u>核算</u>和监督；
（4）以提供经济信息、反映受托责任履行情况为主要目的的<u>经济管理活动</u>。

二、会计职能

★★考点1．会计职能：是指会计在经济管理过程中所具有的功能。

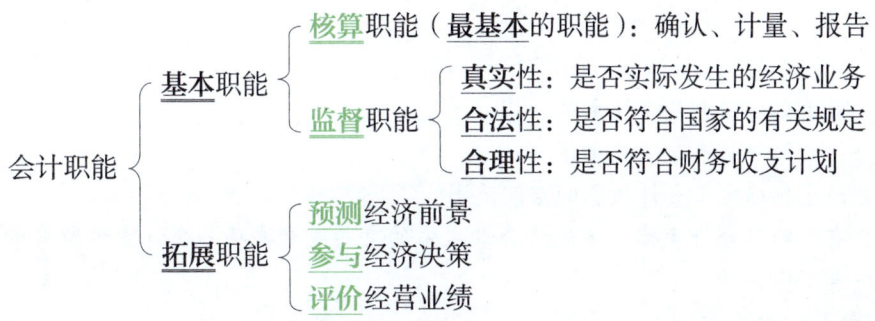

★考点2．核算与监督的关系：<u>相辅相成</u>、<u>辩证统一</u>（核算是基础，监督是保障）。

【例1·多选】下列属于会计职能的有（ ）。
A．会计核算　　　　　　　　　B．会计监督
C．预测经济前景　　　　　　　D．参与经济决策
【答案】ABCD
【解析】选项AB属于会计的基本职能；选项CD属于会计的拓展职能。

三、会计目标

★考点1. 会计目标：
（1）<u>反映</u>企业管理层受托责任履行情况；
（2）向财务会计报告使用者<u>提供</u>决策有关信息。

★考点2. 财务报告外部使用者：<u>投资者</u>、<u>债权人</u>、<u>政府及其有关部门</u>、<u>社会公众</u>等。

第二节　会计基本假设、会计基础和会计信息质量要求

一、会计基本假设

★★★考点1. 会计基本假设：<u>会计主体</u>、<u>持续经营</u>、<u>会计分期</u>、<u>货币计量</u>。

【注意】基本假设是企业会计确认、计量和报告的<u>前提</u>。

★★考点2. 会计主体：是指会计服务的特定对象，是确认、计量和报告的<u>空间范围</u>。

【注意】会计主体与法律主体（法人）并非是对等的概念，法人可作为会计主体，但会计主体不一定是法人。

会计主体	法律主体
海尔公司 海尔公司车间、事业部 海尔公司销售分公司 海尔集团（母子公司总称）	海尔公司

【例1·多选】下列说法正确的有（　　）。
A. 法律主体一般也是会计主体
B. 会计主体一般也是法律主体
C. 会计主体确定了会计核算的空间范围
D. 只有明确了会计主体，才能将会计主体的交易或者事项与会计主体所有者的交易或者事项分开

【答案】ACD
【解析】会计主体范围比法律主体大，法律主体必然是一个会计主体，但是会计主体未必是法律主体。

【例2·判断】会计人员只能核算和监督所在主体的经济业务，不能超越范围核算和监督其他主体的经济业务。（　　）

【答案】√
【解析】会计主体是企业会计确认、计量和报告的空间范围，即会计人员只能核算

和监督所在主体的经济业务,不能核算和监督其他主体的经济业务。

★考点3．持续经营：是指在可预见的将来,企业会按当前的规模和状态<u>继续经营</u>下去。

【注意】持续经营只是一个假定,企业都存在破产、清算等不能持续经营的可能性或风险。

【例3·判断】持续经营只是一个假定,一旦进入清算,就应该改按清算会计处理。（ ）

【答案】√

【解析】本题表述正确。

★考点4．会计分期：将持续经营的生产经营活动划分为一个个连续、长短相同的期间。

会计期间 { <u>年度</u>（公历：1月1日—12月31日）
中期 { <u>半年度</u> <u>季度</u> <u>月度</u> } 均按公历起讫日期确定

【注意】由于<u>会计分期</u>,才产生了当期与以前期间、以后期间的区别,从而<u>形成了</u><u>权责发生制</u>和<u>收付实现制</u>两个不同的会计基础,进而出现了<u>应收</u>、<u>应付</u>、<u>预收</u>、<u>预付</u>、<u>折旧</u>、<u>递延</u>、<u>摊销</u>等会计处理方法。

【例4·判断】折旧和摊销会计处理方法的出现,是基于会计分期假设。（ ）

【答案】√

【解析】本题表述正确。

★考点5．货币计量：会计主体在确认、计量、报告时以<u>货币计量</u>,反映生产经营活动。

【注意1】我国的会计核算的记账本位币是<u>人民币</u>。

【注意2】业务收支以外币为主的企业,也可以选择某种外币作为记账本位币,但编制的<u>财务会计报告</u>应当折算为<u>人民币</u>反映。

【注意3】在境外设立的中国企业向国内报送的<u>财务会计报告</u>,应当折算为<u>人民币</u>。

考点6．基本假设之间的关系：

（1）没有会计主体,就不会有持续经营;

（2）没有持续经营,就不会有会计分期;

（3）没有货币计量,所谓的会计就只能停留在原始计数的时代。

二、会计基础

★**考点1．会计基础**：会计确认、计量和报告的基础，包括<u>权责发生制</u>和<u>收付实现制</u>。

★★**考点2．权责发生制**：指收入、费用的确认应当以<u>实际发生</u>作为确认的标准。
（1）<u>当期已经实现</u>的收入和<u>已经发生</u>或者应当负担的费用：
无论款项是否收付，都应当作为当期的收入和费用，计入利润表。
（2）<u>不属于当期</u>的收入和费用：
即使款项已在当期收付，也不应作为当期的收入和费用。

【总结】本期支付的不一定是本期的费用；属于本期的费用，可能已付，也可能未付。

【例5·判断】某企业2017年2月发生交通费支出20 000元并取得票据，经过企业内部审批程序，2017年4月完成报销，则该笔交通费应确认为2017年2月的费用。（　　）
【答案】×
【解析】这里的权责发生时间，是指单位履行完审核手续后可以报销的时间，而不是取得发票的时间。取得票据，经过内部审批程序之后，才能算是可以开支的费用。没经过相关的审核，就不能认定为单位必须开支的费用。因为开支的金额、项目、内容都没有经过单位相关人员的认可，开支存在不确定性，金额也不能准确地计量，就不算权责的发生。

★**考点3．收付实现制**：是指以<u>实际收到或支付</u>现金作为确认收入和费用的标准。

【例6·单选】下列关于权责发生制的表述中，不正确的是（　　）。
A．权责发生制要求，凡是本期收到的收入和付出的费用，不论是否属于本期，都应作为本期的收入和费用
B．权责发生制要求，凡是不属于当期的收入和费用，即使款项已在当期收付，也不作为当期的收入和费用
C．权责发生制要求，凡是当期已经实现的收入和已经发生或应当负担的费用，无论款项是否收付，都应当作为当期的收入和费用
D．权责发生制是以收入和费用是否归属本期为标准来确认本期收入和费用的一种方法
【答案】A
【解析】选项A，属于收付实现制的内容。

三、会计信息质量要求

★★**考点1．会计信息质量要求**：
（1）<u>可靠性</u>（不做假账）：<u>真实可靠、内容完整</u>。
（2）<u>相关性</u>（不拍脑门）：<u>与决策相关</u>。

（3）**可理解性**（让人懂你）：清晰明了、易于理解。
（4）**可比性**（横竖一致）。
①同一企业不同时期可比（纵向可比）：
要求企业所采用的会计政策不得随意变更（不是不能变更）。
②不同企业相同会计期间可比（横向可比）：
要求相关会计主体采用规定的会计政策，确保会计信息口径一致、相互可比。
（5）**实质重于形式**（狼外婆是狼）：经济实质重于法律形式，如售后回购、融资租赁。
（6）**重要性**（小题别大作，大题别小作）：所有重要交易或者事项。
（7）**谨慎性**（小心驶得万年船）：不应高估资产或者收益、低估负债或者费用。
（8）**及时性**（信息的时效性）：及时进行确认、计量和报告，不得提前或延后。

【例7·单选】会计核算上将融资租入的资产视为承租企业的资产进行核算，体现了（　　）的要求。
A.重要性　　　　B.谨慎性　　　　C.实质重于形式　　　　D.及时性
【答案】C
【解析】虽然融资租入的资产法律形式属于出租方，但经济实质属于承租方，故选项C正确。

第三节　会计要素及其确认与计量

一、会计要素及其确认条件
考点1．会计要素：

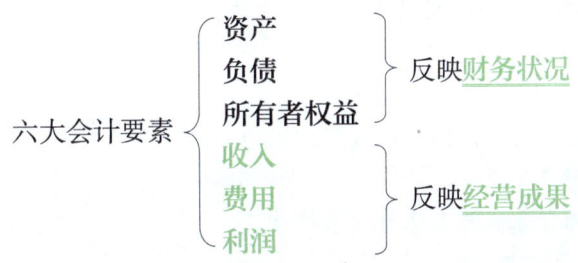

★考点2．**资产**：是指<u>过去的</u>交易或事项形成的，由企业<u>拥有</u>或<u>控制</u>的，预期会<u>带来经济利益</u>的<u>资源</u>。
（1）**特征**：
①应为企业拥有或控制的资源；（现在）
②预期会给企业带来经济利益；（未来）
③是由企业过去的交易或者事项形成的。（过去）
【注意1】过去的交易或者事项＝购买＋生产＋建造
【注意2】预期在未来发生的交易或者事项不形成资产，即必须是现实的资产，而不能是预期的资产。

（2）<u>确认条件</u>。需要符合定义，还应同时满足两个条件：
①与该资源有关的经济利益<u>很可能流入企业</u>（<u>50%＜可能性≤95%</u>）；
②该资源的成本或价值能够<u>可靠地计量</u>。

★考点3．<u>负债</u>：是指<u>过去的</u>交易或者事项形成的，预期会导致<u>经济利益流出</u>企业的<u>现时义务</u>。
（1）<u>特征</u>：
①是企业承担的<u>现时义务</u>；
②预期会导致<u>经济利益流出企业</u>；
③是由企业<u>过去</u>的交易或者事项形成的。
【注意】凡出现"计划""拟""准备"等字眼，都是属于企业计划但还没有发生的事项，不应确认为负债或资产。

（2）<u>确认条件</u>：需要符合定义，还应同时满足两个条件：
①与该义务有关的经济利益很可能流出企业；
②未来流出的经济利益的金额能够<u>可靠地计量</u>。

【例1·单选】负债是指过去的交易或事项形成的、预期会导致经济利益流出企业的（　　）。
A．现时义务　　　B．推定义务　　　C．法定义务　　　D．潜在义务
【答案】A
【解析】负债指企业过去的交易或事项形成的，预期会导致经济利益流出企业的现时义务。

★考点4．<u>所有者权益</u>：是指企业资产扣除负债后，由所有者享有的剩余权益（即所有者权益＝资产－负债）。
【注意】公司的所有者权益又称为股东权益。
（1）<u>来源及构成</u>：

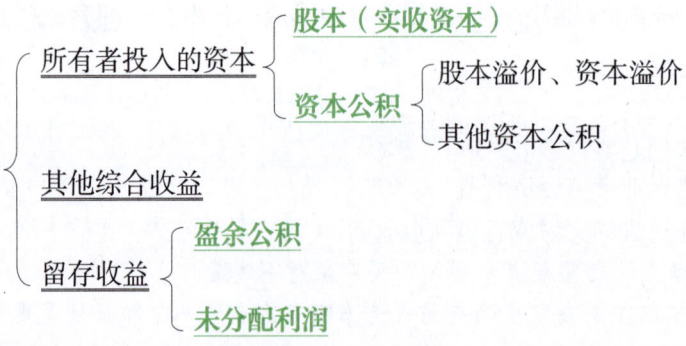

（2）**确认条件**：主要依赖于资产和负债的确认和计量。

例如，企业接受投资者投入的资产，在该资产符合资产确认条件时，就相应地符合所有者权益的确认条件；当该资产的价值能够可靠计量时，所有者权益的金额可以确定。

【例2·多选】留存收益包括（　　）。
A．未分配利润　　　　　　　B．盈余公积
C．资本公积　　　　　　　　D．本年利润
【答案】AB
【解析】留存收益包括盈余公积和未分配利润。

★**考点5．收入**：在日常活动中形成、会导致所有者权益增加、与投入资本无关的经济利益的总流入。

【注意】日常活动：商业企业销售商品
　　　　　　　　工业企业制造并销售商品等
　　　　非日常活动：发生罚款支出
　　　　　　　　　　出售废弃固定资产等

（1）**特征**：
①企业在日常活动中形成的；
②与所有者投入资本无关的经济利益的总流入；
③会导致所有者权益的增加。

（2）**确认条件**：
①合同各方已批准该合同并承诺将履行各自义务；
②该合同明确了合同各方与所转让商品或提供劳务相关的权利和义务；
③该合同有明确的与所转让商品或提供劳务相关的支付条款；
④该合同具有商业实质，即履行将改变未来现金流量的风险、时间分布、金额；
⑤企业因向客户转让商品或提供劳务而有权取得的对价很可能收回。

★**考点6．费用**：在日常活动中发生、会导致所有者权益减少、与分配利润无关的经济利益的总流出。
（1）**特征**：
①企业在日常活动中形成的；
②与向所有者分配利润无关的经济利益的总流出；
③会导致所有者权益的减少。

（2）**确认条件**：需要符合定义外，还至少应当符合以下条件：
①与费用相关的经济利益应当很可能流出企业；

[11]

②经济利益流出企业的结果会导致资产的减少或负债的增加；
③经济利益的流出额能够可靠计量。

考点7．利润：是指企业在一定会计期间的经营成果。
（1）包括：收入减去费用后的净额、直接计入当期利润的利得和损失等。
（2）确认条件：主要依赖于收入和费用，以及利得和损失的确认，其金额的确定也主要取决于收入、费用、利得和损失金额的计量。

二、会计要素计量属性及其应用原则

★**考点1．计量属性**：历史成本、重置成本、可变现净值、现值、公允价值。

★**考点2．历史成本**：实际支付的现金或现金等价物，不考虑随后市场价格变动的影响。

★**考点3．可变现净值**＝预计售价－进一步加工成本－预计销售费用－相关税费。

考点4．现值：考虑货币时间价值。

考点5．重置成本：是指按照当前市场条件，重新取得同样的资产所需支付的现金或者现金等价物金额。

考点6．公允价值：是指市场参与者在计量日发生的有序交易中，出售一项资产所能收到或者转移一项负债所需支付的价格。

【总结】盘盈固定资产的计量：重置成本
　　　　非流动资产可收回金额、以摊余成本计量的金融资产价值的确定：现值
　　　　存货资产减值情况下的后续计量：可变现净值
【注意】企业在对会计要素进行计量时，一般应当采用历史成本，采用重置成本、可变现净值、现值、公允价值计量的，应当保证所确定的会计要素金额能够取得并可靠计量。

【例3·单选】某企业期末库存材料账面价值为100万元，该材料受资产专用性限制无法直接出售，所以用该批材料生产产品，则产品的预计销售价格为120万元(不含增值税)。已知用该批材料加工产品需要再投入加工成本15万元，预计发生销售费用2万元，如果不考虑相关税费，则该批库存材料的可变现净值为（　　）万元。
A．103　　　　　B．120　　　　　C．105　　　　　D．100
【答案】A
【解析】可变现净值＝资产预计售价－进一步加工成本－预计销售费用及相关税费，

据题意可得，可变现净值＝120－15－2＝103（万元）。

三、会计等式
考点1．会计等式：表明会计要素之间的基本关系，是会计核算的<u>基础</u>。
【别名】会计恒等式、会计方程式、会计平衡公式

★★**考点2．会计等式的表现形式**：
（1）<u>财务状况等式</u>：（基本会计等式、静态会计等式）
资产＝负债＋所有者权益——复式记账法的<u>理论基础</u>、编制<u>资产负债表</u>的依据，反映了企业某一特定时点资产、负债和所有者权益三者之间的平衡关系。

（2）<u>经营成果等式</u>：（动态会计等式）
收入－费用＝利润——编制<u>利润表</u>的依据，反映了企业一定时期内收入、费用和利润之间恒等关系。

【例4·多选】以下经济业务的发生会使资产和负债同时增加的有（　　）。
A. 向银行借入银行存款
B. 赊购材料
C. 用银行存款购买原材料
D. 从银行提取现金
【答案】AB
【解析】选项CD属于资产内部的一增一减。

【例5·单选】某公司资产总额为6万元，负债总额为3万元，以银行存款2万元偿还短期借款，并以银行存款1.5万元购买设备，则上述业务入账后，该公司的资产总额为（　　）万元。
A. 4　　　　　B. 2.5　　　　　C. 3　　　　　D. 4.5
【答案】A
【解析】以银行存款偿还短期借款，资产减少，负债也减少；以银行存款购买设备，资产内部一增一减，不影响资产总额。所以资产总额＝6－2＝4（万元）。

第四节　会计科目和借贷记账法

一、会计科目
考点1．会计科目（科目）：对<u>会计要素</u>具体内容进行分类核算的项目。

★ 考点2．分类：

(1) 按反映的经济内容分类：

资产类科目	流动资产	库存现金、银行存款、应收账款、原材料、库存商品等
	非流动资产	固定资产、在建工程、无形资产、长期待摊费用等
负债类科目	流动负债	短期借款、应付账款、应付职工薪酬、应交税费等
	非流动负债	长期借款、应付债券、长期应付款等
共同类科目（既有资产又有负债性质）		清算资金往来、货币兑换、套期工具、被套期项目
所有者权益类科目		实收资本（或股本）、资本公积、利润分配、盈余公积、本年利润等
成本类科目		生产成本、制造费用、劳务成本、研发支出等
损益类科目	反映收入的科目	主营业务收入、其他业务收入等
	反映费用的科目	主营业务成本、其他业务成本、管理费用、财务费用等

【注意1】合理设置会计科目是正确组织会计核算的前提。

【注意2】财政部统一规定会计科目主要是为了保证会计信息的合法性。

(2) 按提供信息的详细程度及其统驭关系分类：

①总分类科目（总账/一级科目）：

对会计要素的具体内容进行总括分类，提供总括信息。

②明细分类科目（明细科目）：

对总分类科目作进一步分类，提供更为详细和具体信息。

【注意】不是所有的总分类科目都必须设置明细科目。

【例1·多选】下列属于流动资产的有（　　）。

A. 银行存款　　　B. 原材料　　　C. 预付账款　　　D. 库存商品

【答案】ABCD

【解析】以上四个选项均正确。

二、账户

考点1．账户：根据会计科目设置、具有一定格式和结构、用于分类反映会计要素增减变动情况及其结果的载体。

考点2．分类：

(1) 按核算的经济内容	资产类账户、负债类账户、共同类账户、所有者权益类账户、成本类账户、损益类账户
(2) 按提供信息的详细程度	总账、明细账

【总结】会计科目是账户的名称，也是设置账户的依据；账户是会计科目的具体运用。

三、借贷记账法

考点1．借贷记账法的概念：是以"借"和"贷"作为记账符号的一种复式记账法。

★★★**考点2．复式记账法**：

（1）概念：是指对于每一笔经济业务，都必须用相等的金额在两个或两个以上相互联系的账户中进行登记，全面、系统地反映会计要素增减变化的一种记账方法。

（2）种类：借贷记账法、增减记账法、收付记账法等。

【注意】企业、行政单位和事业单位采用借贷记账法。

★★★**考点3．借贷记账法下账户结构**：左方称借方，右方称贷方。一方登记增加额，另一方就登记减少额。借增加或贷增加，取决于账户的性质与所记录经济内容的性质。

（1）资产类、成本类账户：借增贷减；期末余额一般在借方，有些无余额。
余额计算公式：期末借方余额＝期初借方余额＋本期借方发生额－本期贷方发生额

（2）负债类、所有者权益类账户：借减贷增；期末余额一般在贷方，有些无余额。
余额计算公式：期末贷方余额＝期初贷方余额＋本期贷方发生额－本期借方发生额

（3）损益类账户：
①收入类账户：借减贷增；本期收入净额在期末转入"本年利润"，结转后无余额。
②费用类账户：借增贷减；本期费用净额在期末转入"本年利润"，结转后无余额。

【总结】通常情况下：
资产、成本、费用类：借增贷减，余额一般在借方(费用类无余额)。
负债、所有者权益、收入类：借减贷增，余额一般在贷方(收入类无余额)。

借：①资产增加	贷：①资产减少
②成本费用增加	②成本费用减少
③收入减少	③收入增加
④所有者权益减少	④所有者权益增加
⑤负债减少	⑤负债增加

【例2·判断】损益类账户中的收入类账户与费用类账户的结构相反，借方登记减少，贷方登记增加，期末通常没有余额。（　　）
【答案】√
【解析】收入类账户借减贷增，费用类借增贷减，两者期末一般无余额。

★★**考点4．记账规则**：有借必有贷，借贷必相等。

考点5．账户对应关系：是指采用借贷记账法对每笔交易或事项进行记录时，相关账户之间形成的应借、应贷的相互关系。存在对应关系的账户称为对应账户。

★★**考点6．会计分录（分录）**：
（1）构成要素：应借应贷方向、相互对应的科目、金额。
（2）分类：①简单会计分录：一借一贷；
　　　　　②复合会计分录：一借多贷、多借一贷、多借多贷。
【注意】一般不应把不同经济业务合并在一起，编制多借多贷的会计分录。

★★★**考点7．试算平衡**：
（1）概念：根据记账规则和资产与权益（负债和所有者权益）的恒等关系，对所有账户的发生额和余额的汇总计算和比较，检查账户记录是否正确。

（2）分类：发生额试算平衡、余额试算平衡。

（3）发生额试算平衡：直接依据是记账规则——"有借必有贷，借贷必相等"。
全部账户本期借方发生额合计＝全部账户本期贷方发生额合计

（4）余额试算平衡：直接依据是财务状况等式——资产＝负债＋所有者权益。
全部账户借方期末（初）余额合计＝全部账户的贷方期末（初）余额合计

（5）试算平衡表的编制：
①试算不平衡，表示记账一定有错误，但试算平衡时，不能表明记账一定正确。
②不影响借贷双方平衡关系的错误通常有：
a.漏记某项经济业务；
b.重记某项经济业务；
c.某项经济业务记错有关科目；
d.记录经济业务的时候颠倒了记账方向；
e.偶然多记少记并相互抵消。

【例3·单选】下列选项中，会导致试算不平衡的因素是（　　）。
A.漏记某项经济业务　　　　　　B.重记某项经济业务
C.借贷科目错误　　　　　　　　D.借方多记金额
【答案】D
【解析】试算平衡是指所有科目借方合计与所有科目贷方合计相等，借方多记金额会导致试算不平衡。

检测1-1

第五节　会计凭证、会计账簿与账务处理程序

一、会计凭证

★**考点1. 会计凭证的概念**：是指记录经济业务发生或者完成情况的<u>书面证明</u>，是<u>登记账簿的依据</u>。

【注意】原始凭证和记账凭证都是登记账簿记录的依据，只不过<u>记账凭证是登记账簿的直接依据</u>。

★**考点2. 会计凭证的分类**：

<u>原始凭证</u>：记录经济业务，业务发生的起点（进行会计核算的原始资料和重要依据）。

<u>记账凭证</u>：记录会计信息，会计核算的起点（是登记账簿的<u>直接依据</u>）。

★★★**考点3. 原始凭证**：经济业务发生或完成时取得或填制的书面证明。

（1）<u>分类</u>：

分类		常见举例
按来源	外来原始凭证	发票、飞机票、火车票、银行收付款通知单
	自制原始凭证	<u>收料单</u>、领料单、成本计算单、出库单、入库单、借款单
按格式	通用凭证	全国通用的<u>增值税专用发票</u>、银行转账结算凭证
	专用凭证	<u>收料单</u>、领料单、工资费用分配表、折旧计算表
按填制手续及内容	一次凭证	<u>收料单</u>、领料单、收据
	累计凭证	<u>限额领料单</u>
	汇总凭证	工资汇总表、耗用材料汇总表、<u>差旅费报销单</u>

【注意1】<u>收料单</u>是<u>自制</u>的<u>一次</u>原始凭证。

【注意2】<u>外来</u>原始凭证都是<u>一次</u>凭证，自制原始凭证绝大多数是一次凭证。

【注意3】凡是不能证明经济业务已经完成的文件或证明均<u>不能算作会计凭证</u>，不能作为会计核算的依据，例如：<u>经济合同、材料请购单、生产通知单、盘存单、银行存款余额调节表、银行对账单</u>等。

【例1·多选】下列各项中，不能作为会计核算原始凭证的是（　　）。
A.合同书　　　　　　　　　　B.发货票
C.入库单　　　　　　　　　　D.银行存款余额调节表
【答案】AD
【解析】凡是不能证明经济业务已经完成的文件或证明均不能算作会计凭证，不能作为会计核算的依据，例如：经济合同、材料请购单、生产通知单、盘存单、银行存款余额调节表、银行对账单等。

[17]

【例2·单选】差旅费报销单按填制的手续及内容分类,属于原始凭证中的( )。
A.一次凭证　　　B.累计凭证　　　C.汇总凭证　　　D.专用凭证
【答案】C
【解析】汇总凭证指对一定时期内反映经济业务内容相同的若干张原始凭证,按照一定标准综合填制的原始凭证。

【例3·单选】下列属于累计凭证的是( )。
A.领料单　　　　　　　　　　B.限额领料单
C.耗用材料汇总表　　　　　　D.工资汇总表
【答案】B
【解析】领料单属于一次凭证;限额领料单属于累计凭证;耗用材料汇总表和工资汇总表属于汇总凭证。

(2)**基本内容**(原始凭证要素):
①凭证的**名称**;
②填制凭证的**日期**;(注:小写)
③填制凭证**单位名称**和**填制人姓名**;
④经办人员的**签名**或者**盖章**;
⑤**接受凭证单位名称**;(注:全称)
⑥经济业务**内容**;
⑦**数量**、**单价**和**金额**。

【例4·多选】下列符合原始凭证填制基本要求中内容完整的有( )。
A.年、月、日要按照填制原始凭证的实际日期填写
B.名称要齐全,不能简化
C.品名或用途要填写明确,不能含糊不清
D.有关人员的签章必须齐全
【答案】ABCD
【解析】以上四个选项均正确。

(3)**基本填制要求**:
①记录真实。
②内容完整。
③手续完备。
a.**自制**——必须有**经办单位**相关负责人的签名盖章;
b.**对外开出**——必须加盖**本单位**公章或者财务专用章;
c.**从外部取得**——必须盖有**填制单位**的公章或者财务专用章;
d.**从个人取得**——必须有**填制人员**的签名或盖章。

④书写清楚、规范。
a.在金额前要填写人民币符号"￥",人民币符号与阿拉伯数字之间不得留有空白;
b.金额数字一律填写到角、分:
无角、分的,写"00"或符号"—";
有角无分的,分位写"0",不得用符号"—"。
c.大写金额前未印有"人民币"字样的,应加写"人民币"三个字,"人民币"字样和大写金额之间不得留有空白;
d.大写金额到元或角为止的,后面写"整"或"正"字;
有分的,不写"整"或"正"。
⑤编号连续:如果凭证已预先印定编号,如发票、支票等,在作废时,应加盖"作废"戳记,妥善保管,不得撕毁。
⑥不得涂改、刮擦、挖补。
a.金额有错误,出具单位重开,不得在原始凭证上更正;
b.有其他错误的,应当由出具单位重开或更正,更正处应当加盖出具单位印章。
⑦填制及时:一定要及时填写,并按规定的程序及时送交会计机构审核。

【例5·单选】发现外来原始凭证金额有误,正确的处理是( )。
A. 交于经办人,要求出票单位重开
B. 由本单位会计人员直接修改
C. 由本单位经办人员直接修改
D. 作为无效凭证
【答案】A
【解析】原始凭证金额有错误的,应当由出具单位重开,不得在原始凭证上更正。原始凭证有其他错误的,应当由出具单位重开或更正,更正处应当加盖出具单位印章。

(4)自制原始凭证填制的基本要求:
①一次凭证:一次填制完成;
②累计凭证:在同一张凭证上重复填制;
③汇总凭证:只能将类型相同的经济业务进行汇总。

(5)审核:真实性、合法性、合理性、完整性、正确性。
【注意】经审核的原始凭证应根据不同情况处理:
(1)对于完全符合要求的原始凭证,应及时据以编制记账凭证入账。
(2)对于真实、合法、合理但内容不够完整、填写有错误的原始凭证,应退回给有关经办人员,由其负责将有关凭证补充完整、更正错误或重开后,再办理正式会计手续。
(3)对于不真实、不合法的原始凭证,会计机构、会计人员有权不予接受,并向单位负责人报告。

【例6·单选】在审核原始凭证时，对于内容不完整、填写有错误或手续不完备的原始凭证，应该（　　）。
A. 拒绝办理，并向本单位负责人报告
B. 予以抵制，对经办人员进行批评
C. 由会计人员重新编制或予以更正
D. 予以退回，要求更正、补充，以至重新编制
【答案】D
【解析】对于真实、合法、合理但内容不够完善、填写有错误的原始凭证，应退回给有关经办人员，由其负责将有关凭证补充完整、更正错误或重开后，再办理正式会计手续。

★考点4. 记账凭证（记账凭单）：以审核无误的原始凭证为前提；登记账簿的直接依据。
（1）分类：按其反映的经济业务的内容：
①收款凭证：记录库存现金和银行存款收款业务；
②付款凭证：记录库存现金和银行存款付款业务；
③转账凭证：记录不涉及库存现金和银行存款业务。
【注意】对于库存现金和银行存款之间相互划转的经济业务，只填制付款凭证，不编制收款凭证，避免重复记账或制证。

【例7·单选】销售产品一批，部分货款收回存入银行，部分货款对方暂欠时，应填制的记账凭证是（　　）。
A. 收款凭证和转账凭证　　B. 付款凭证和转账凭证
C. 收款凭证和付款凭证　　D. 两张转账凭证
【答案】A
【解析】销售产品一批，部分货款收回存入银行，编制收款凭证；部分货款对方暂欠，编制转账凭证。

【例8·多选】某企业外购材料一批，已验收入库，货款已付。下列各项中，属于这项经济业务应填制的会计凭证的有（　　）。
A. 收款凭证　　B. 收料单
C. 付款凭证　　D. 累计凭证
【答案】BC
【解析】外购材料已付款，应编制银行存款或货币资金付款凭证。材料验收入库，应填写收料单。

（2）基本内容：
①填制凭证的日期；

②凭证编号；
③经济业务摘要；
④会计科目；
⑤金额；
⑥所附原始凭证张数；
⑦填制凭证人员、稽核人员、记账人员、会计机构负责人、会计主管人员签名或者盖章。收款和付款记账凭证还应当由出纳人员签名或者盖章。

（3）填制基本要求：
①除结账和更正错账可以不附原始凭证外，其他记账凭证必须附原始凭证。
②不得将不同内容和类别的原始凭证汇总填制在一张记账凭证上。
③记账凭证应连续编号：字号编号法。
【注意】收、付款凭证不得由出纳编号。
④填制记账凭证时若发生错误，应当重新填制。

（4）收款凭证的填制要求：
①左上角"借方科目"填写："库存现金"或"银行存款"；
②"贷方科目"填写：与"库存现金"或"银行存款"相对应的会计科目。

【例9·多选】关于收款凭证的编制要求正确的说法是（　　）。
A."摘要"填写对所记录的经济业务的简要说明
B.右上角填写编制收款凭证的顺序号
C.在借贷记账法下，在收款凭证左上方所填列的借方科目，应是"库存现金"或"银行存款"科目
D.在凭证内所反映的贷方科目，应填列与"库存现金"或"银行存款"相对应的科目
【答案】ABCD
【解析】以上四个选项均正确。

（5）付款凭证的填制要求：
①左上角"贷方科目"填写："库存现金"或"银行存款"；
②"借方科目"填写：与"库存现金"或"银行存款"相对应的会计科目。
【注意】出纳人员在办理收款或付款业务后，应在原始凭证上加盖"收讫"或"付讫"的戳记，以免重收重付。

（6）审核：

二、会计账簿

考点1. 会计账簿（账簿）概念： 由一定格式的账页组成，以经过审核的会计凭证为依据，全面、系统、连续地记录各项经济业务的簿籍。

【注意】会计凭证→会计账簿→财务报表

★**考点2. 基本内容：** 封面、扉页、账页。

★★★**考点3. 分类：**

（1）按用途：

序时账簿（日记账）	库存现金日记账、银行存款日记账
分类账簿（分类账）	总分类账簿、明细分类账簿
备查账簿（辅助登记簿、补充登记簿）	租入固定资产登记簿、代管商品物资登记簿

【注意】备查账簿不是根据会计科目设置的，与其他账户之间不存在严密的依存关系。备查账的格式、登记方法，不像其他账簿一样有着较为严格统一的规定，企业可按自身的特点和需要灵活设置。

（2）按账页格式：

三栏式	各种日记账、总账以及资本、债权、债务明细账
多栏式	收入、成本、费用明细账
数量金额式	原材料、库存商品等明细账

【注意】三栏式账簿的"三栏"是指：借方、贷方、余额，不是日期、摘要、金额。

（3）按外形特征：

订本式（订本账）	总分类账、库存现金日记账、银行存款日记账
活页式（活页账）	明细分类账
卡片式（卡片账）	固定资产的核算、材料核算中使用

【总结】日记账、总账：订本式的三栏式账簿
　　　　资本、债权债务类：活页式的三栏式账簿
　　　　固定资产：卡片式

【例10·单选】下列账簿形式中，原材料、库存商品等存货类明细账适用于（　　）。
A. 三栏式　　　　　　　　　　B. 多栏式
C. 数量金额式　　　　　　　　D. 横线登记式
【答案】C

【解析】原材料、库存商品、产成品等明细账一般都采用数量金额式账簿。

【例11·多选】下列各项中，属于备查账簿的有（　　）。
A. 工作人员登记簿　　　　　　B. 应收账款明细账
C. 租入固定资产登记簿　　　　D. 受托加工材料登记簿
【答案】CD
【解析】工作人员登记簿不需要登记会计账簿，应收账款明细账属于分类账簿。

【例12·单选】下列明细分类账中，可以采用多栏式格式的是（　　）。
A. 实收资本明细分类账　　　　B. 应付账款明细分类账
C. 管理费用明细分类账　　　　D. 库存商品明细分类账
【答案】C
【解析】多栏式适用于收入、成本、费用明细账，AB采用三栏式，D采用数量金额式。

★★考点4．启用与登记要求：
（1）启用：写明单位名称、账簿名称，并附启用表。
（2）登记要求：
①必须使用蓝黑墨水或碳素墨水，不得使用圆珠笔（银行的复写账簿除外）或铅笔。
【注意】可用红墨水记账：
（1）按照红字冲账的记账凭证，冲销错误记录；
（2）在不设借贷等栏的多栏式账页中，登记减少数；
（3）在三栏式账户的余额栏前，如未印明余额方向的，在余额栏内登记负数余额；
（4）根据国家规定可以用红字登记的其他会计记录。
综上所述，除上述情况外，不得使用红色墨水登记账簿。

②记账时发生错误或者隔页、缺号、跳行：在空页、空行处用红色墨水划对角线注销，或注明"此页空白"或"此行空白"字样，并由记账人员和会计机构负责人（会计主管人员）在更正处签章。

③过次承前：
a.对需要结计本月发生额的账户：
本页合计数应当为自本月初起至本页末止的发生额合计数；
b.对需要结计本年累计发生额的账户：
本页合计数应当为自年初起至本页末止的累计数；
c.不属于以上两种情形的，可以只将每页末的余额结转次页。

④账簿记录发生错误：不得刮擦、挖补或用退色药水更改，应采用规定的方法更正。

【例13·多选】下列情况中,可以用红色墨水记账的有(　　)。
A. 在不设借贷等栏的多栏式账页中,登记减少数
B. 在三栏式账户的余额栏前,如未印明余额方向的,在余额栏内登记负数余额
C. 按照红字冲账的记账凭证,冲销错误记录
D. 根据国家统一的会计制度的规定可以用红字登记的其他会计记录
【答案】ABCD
【解析】以上四个选项均正确。

★★★考点5. 会计账簿的格式与登记方法:

(1) 日记账:按照发生或完成的时间先后顺序逐日逐笔进行登记的账簿——库存现金日记账、银行存款日记账。

①库存现金日记账:必须使用订本账。
出纳人员根据库存现金收款凭证、库存现金付款凭证和银行存款付款凭证逐日逐笔登记。

②银行存款日记账:必须使用订本账。
出纳人员根据银行存款收款凭证、银行存款付款凭证和库存现金付款凭证逐日逐笔登记。

(2) 总分类账:按照总账分类登记以提供总括会计信息的账簿。

(3) 明细分类账:根据明细账设置并登记的账簿,一般采用活页式账簿、卡片式账簿。

【例14·判断】库存现金日记账是由出纳人员根据审核无误的库存现金收、付款凭证和转账凭证按照经济业务的发生顺序,逐日、逐笔序时登记。(　　)
【答案】×
【解析】库存现金日记账是由出纳人员根据审核无误的库存现金收、付款凭证和银行存款付款凭证按照经济业务的发生顺序,逐日、逐笔序时登记,不涉及转账凭证。

★★★考点6. 总分类账与明细分类账的平行登记要点:
(1) 方向相同(记账方向必须相同);
(2) 期间一致(必须在同一会计期间全部登记入账);
(3) 金额相等(计入总账金额=所属明细账金额的合计数)。

★★★考点7. 对账:
(1) 账证核对:账簿、凭证;
(2) 账账核对:账簿、账簿;
(3) 账实核对:账簿、实际。

【注意1】任何单位的对账工作应该每年至少进行一次。
【注意2】核对银行存款日记账和银行对账单是否相符属于账实核对。

【例15·多选】属于账实核对的是（　　）。
A. 库存现金日记账余额和现金实存数核对
B. 银行存款日记账与银行对账单核对
C. 总分类账簿与所属明细分类账簿核对
D. 债权债务明细账与对方单位债权债务账面数核对
【答案】ABD
【解析】选项C，总分类账簿与所属明细分类账簿核对属于账账核对。

★考点8．结账：将账簿记录定期结算清楚的账务工作，一般为月结、季结、年结。
（1）内容：
①结清各种损益类账户，据以计算确定本期利润；
②结出各资产、负债和所有者权益账户的本期发生额合计和期末余额。
（2）要点：
①对于需要结计本年累计发生额的明细账户：
a. 每月结账时，下面通栏划单红线；
b. 12月末的"本年累计"就是全年累计发生额，下面通栏划双红线。
②总账账户平时只需结出月余额，年终结账时，将所有总账账户结出全年发生额和年末余额，在摘要栏内注"本年合计"字样，并在合计数下面通栏划双红线。

【例16·单选】结账时，应当划通栏双红线的是（　　）。
A. 12月末结出"本年累计"发生额及余额后
B. 各月末结出"本年累计"发生额后
C. 结出当月发生额后
D. 结出"本年累计"发生额后
【答案】A
【解析】12月末的"本年累计"就是全年累计发生额，下面通栏划双红线。

★★考点9．错账更正的方法：划线更正法、红字更正法、补充登记法。

结账前，记账凭证无误：划线更正法（红线更正法）
记账后，记账凭证有误
　　会计科目错误：红字更正法
　　会计科目无误，但金额有误
　　　　大于：红字更正法
　　　　小于：补充登记法

【注意】记账凭证在编制时发生的错误，只要未登记账簿，就可以重新进行编制。

【例17·单选】下列各种做法中，适用于记账凭证应记科目正确，但所记金额大于应记金额且已登记入账情况的是（　　）。

A. 平行登记法　　　　　　B. 红字更正法

C. 划线更正法　　　　　　D. 补充登记法

【答案】B

【解析】会计科目无误而所记金额大于应记金额，采用红字更正法，将正确数字与错误数字之间的差额，即多记的金额，用红字(全额为红字)填制一张与原记账凭证科目完全相同的记账凭证，摘要栏内写明"冲销某月某日第x号记账凭证多记金额"，并据以登记入账，冲销多记的金额。

三、账务处理程序

★考点1. 种类：<u>记账凭证账务处理程序</u>、<u>汇总记账凭证账务处理程序</u>、<u>科目汇总表账务处理程序</u>。

★★考点2. 记账凭证账务处理程序：

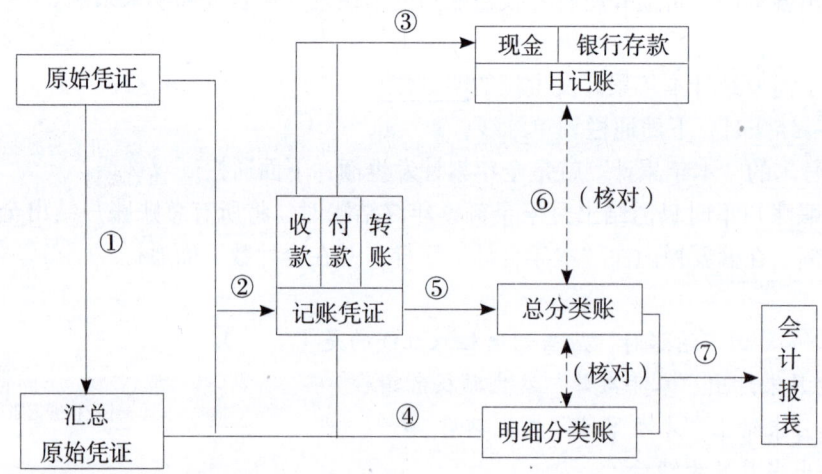

★★考点3. 汇总记账凭证账务处理程序：

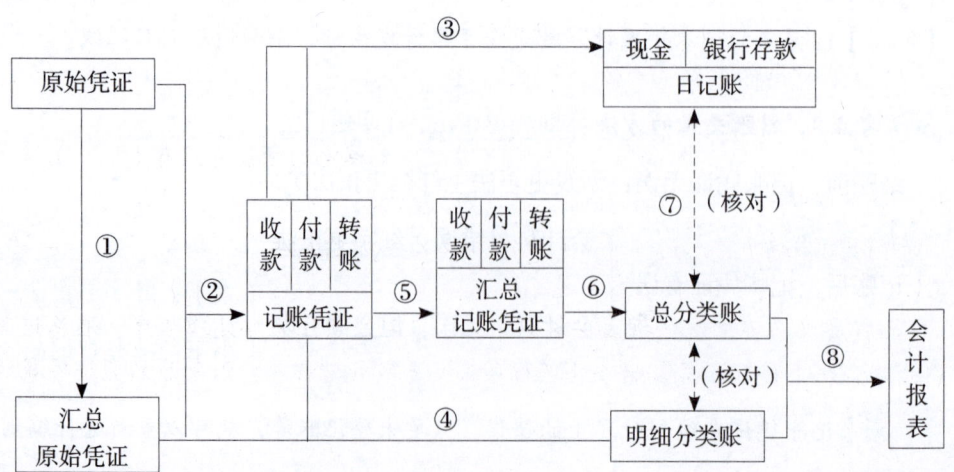

★★考点4．科目汇总表账务处理程序（记账凭证汇总表账务处理程序）：

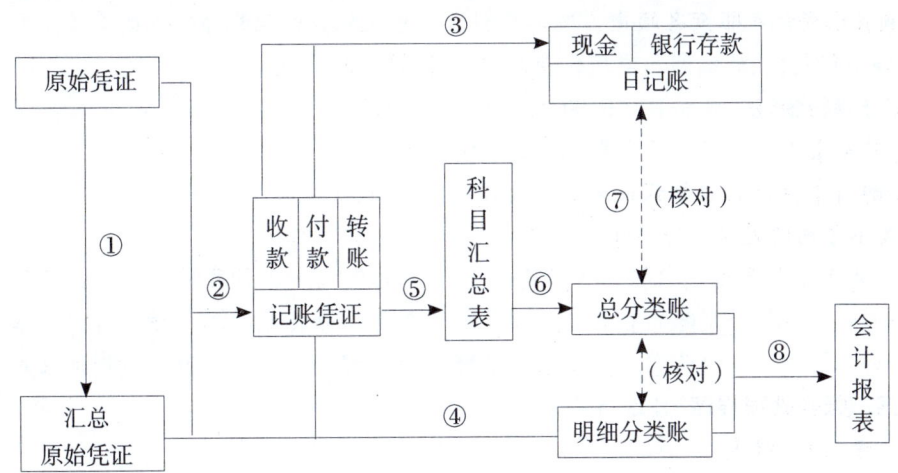

★★★考点5．三种账务处理程序比较：

内容	种类	记账凭证账务处理程序	汇总记账凭证账务处理程序	科目汇总表账务处理程序
依据		据记账凭证逐笔登记	据汇总记账凭证登记	据科目汇总表登记
优点		简单明了，较详细地反映经济业务的发生情况	减轻了登记总分类账的工作量，便于了解账户之间的对应关系	可以简化总分类账的登记工作，并可做到试算平衡
缺点		登记总分类账的工作量较大	不利于日常分工，当转账凭证较多时，编制汇总转账凭证的工作量较大	不能反映账户对应关系，不便于查对账目
适用		规模较小、经济业务量较少的单位	规模较大、经济业务较多的单位	经济业务较多的单位
设置		收款凭证、付款凭证、转账凭证	收款凭证、付款凭证、转账凭证；还需设置汇总收款凭证、汇总付款凭证、汇总转账凭证	收款凭证、付款凭证、转账凭证；还应根据记账凭证定期编制科目汇总表

【注意】在汇总记账凭证账务处理程序中，为了便于编制汇总转账凭证，要求所有的转账凭证也应按一贷一借或者一贷多借的对应关系来编制。

【总结】区别：（1）登记总分类账的依据和方法不同（主要）；
（2）会计凭证的设置不一样。

【例18·多选】在不同的账务处理程序下，登记总账的依据可以有（   ）。
A．记账凭证　　　　　　　　B．汇总记账凭证
C．科目汇总表　　　　　　　D．汇总原始凭证
【答案】ABC
【解析】根据登记总账的依据不同，主要有记账凭证账务处理程序、汇总记账凭证账务处理程序、科目汇总表账务处理程序三种账务处理程序，汇总原始凭证不属于账务处理程序。

【例19·单选】下列各项中,不属于科目汇总表账务处理程序优点的是( )。
A.科目汇总表的编制和使用较为简便,易学易做
B.可以清晰地反映科目之间的对应关系
C.可以大大减少登记总分类账的工作量
D.科目汇总表可以起到试算平衡的作用,保证总账登记的正确性
【答案】B
【解析】本题考核科目汇总表账务处理程序的优缺点。科目汇总表账务处理程序的优点:可以简化总分类账的登记工作,减轻了登记总分类账的工作量,并可以做到试算平衡,简明易懂,方便易学。科目汇总表账务处理程序的缺点:不能清晰地反映各科目的对应关系,不便于对账目进行检查。

【例20·多选】下列各项中,属于登记现金日记账和银行存款日记账依据的有( )。
A.总分类账   B.付款凭证
C.收款凭证   D.明细分类账
【答案】BC
【解析】登记库存现金日记账和银行存款日记账的依据是付款凭证和收款凭证。

【例21·单选】既能汇总登记总分类账,减轻总账登记工作,又能明确反映账户对应关系,便于查账、对账的账务处理程序是( )。
A.科目汇总表账务处理程序
B.汇总记账凭证账务处理程序
C.多栏式日记账账务处理程序
D.记账凭证账务处理程序
【答案】B
【解析】选项A错误,科目汇总表账务处理程序不能反映账户对应关系,不便于查对账目;选项C错误,不存在多栏式日记账账务处理程序;选项D错误,记账凭证账务处理程序不能减轻总账登记工作。

【例22·多选】下列会计科目中,适用按会计科目借方分别编制汇总收款凭证的有( )。
A.应收账款   B.银行存款
C.其他应收款   D.库存现金
【答案】BD
【解析】汇总收款凭证的借方为"银行存款"或"库存现金"科目,故选项BD正确。

第六节 财产清查

一、财产清查概述

★考点1. **财产清查**：对<u>货币资金</u>、<u>实物资产</u>和<u>往来款项</u>等财产物资进行盘点或核对，确定其实存数，查明账存数与实存数是否相符的一种专门方法。

★★★考点2. 财产清算的分类：

依据	分类
范围	全面清查
	局部清查
时间	定期清查
	不定期清查
执行系统	内部清查
	外部清查

【注意1】定期清查一般在年末、季末、月末进行。
（1）定期清查：可以是全面清查，也可以是局部清查；
　　不定期清查：可以是全面清查，也可以是局部清查。
（2）全面清查：可以是定期清查，也可以是不定期清查；
　　局部清查：可以是定期清查，也可以是不定期清查。

【注意2】常见业务的清查：

业务	按清查范围分	按清查时间分
债权债务的清查	局部清查	不定期清查
更换仓库保管员	局部清查	不定期清查
发生自然灾害、发生盗窃事件	局部清查、全面清查	不定期清查
年终决算前	全面清查	定期清查
合并、改组	全面清查	不定期清查
企业改制	全面清查	不定期清查
吸引外商投资	全面清查	不定期清查
银行存款、短期借款和银行核对	局部清查	定期清查
对外投资	局部清查	不定期清查

【注意3】财产<u>局部</u>清查特点：范围小、内容少、时间短、参与人员少，但专业性较强。

【注意4】在实物清查过程中,实物保管人员和盘点人员必须同时在场。对于盘点结果,应如实登记盘存单,并由盘点人和实物保管人签字或盖章,以明确经济责任。

【例1·单选】关于银行存款的清查,下列说法错误的是( )。
A. 银行存款的清查是采用与开户银行核对账目的方法进行的
B. 根据经济业务、结算凭证的种类、号码和金额等资料,逐日逐笔核对银行存款日记账和银行对账单,凡双方都有记录的,用铅笔在金额旁打上记号"√"
C. 将本单位银行存款日记账的账簿记录与开户银行转来的对账单逐笔进行核对,来查明银行存款的实有数额
D. 将日记账和对账单的月末余额及找出的未达账项填入"盘存单",计算出调整后的余额

【答案】D
【解析】将日记账和对账单的月末余额及找出的未达账项填入"银行存款余额调节表",并计算出调整后的余额,故选项D错。

★考点3. 实存账存对比表:为了查明实存数与账存数是否一致,确定盘盈或盘亏情况,应根据盘存单和有关账簿记录,编制实存账存对比表。

【注意】盘存单不能用来编制记账凭证;实存账存对比表既是财产清查并分析原因以明确经济责任的重要依据,也是调整账面记录的原始凭证。

【例2·单选】以下用以调整账簿记录的重要原始凭证、明确经济责任的依据是( )。
A. 实存账存对比表   B. 库存现金盘点报告表
C. 盘存单   D. 财务报表

【答案】A
【解析】实存账存对比表是用以调整账簿记录的重要原始凭证,也是分析产生差异的原因,明确经济责任的依据。

★考点4. 往来款项的清查方法:发函询证法。

★考点5. 实物资产的清查方法:
(1)实地盘点法:通过点数、过磅、量尺等方法来确定实物资产的实有数量。
【注意】适用范围较广,在多数财产物资清查中都可以采用。

(2)技术推算法(估推法):通过量方、计尺等技术推算财产物资的结存数量。
【注意】只适用于成堆量大而价值不高,难以逐一清点的,如露天堆放的煤炭等。

第七节　财务报告

一、财务报告及其目标

★**考点1. 财务报告**：包括财务报表和其他应当在财务报告中披露的相关信息和资料。

二、财务报表的组成

★**考点1. 财务报表**：是对企业财务状况、经营成果和现金流量的结构性表述。

【注意】一套完整的财务报表至少应当包括资产负债表、利润表、现金流量表、所有者权益（或股东权益）变动表以及附注。

【例1·多选】一套完整的财务报表包括（　　）。
A. 资产负债表　　　　　　　B. 利润表
C. 现金流量表　　　　　　　D. 附注
【答案】ABCD
【解析】一套完整的财务报表至少应当包括资产负债、利润表、现金流量表、所有者权益（或股东权益）变动表以及附注。

阶段1测评

第二阶段学习方案

学习方案一

承第一阶段学习方案一				
阶段—模块	学习、复习内容	检测	完成日期	定制调整内容
2-11	学习第二章第一节	—		
2-12	学习第二章第二节	—		
2-13	学习第二章第二节	—		
2-14	学习第二章第二节	—		
2-15	学习第二章第三节	—		
2-16	学习第二章第三节	—		
2-17	学习第二章第三节 复习第二章前三节	2-1		
2-18	学习第二章第四节	—		
2-19	学习第二章第四节	—		
2-20	学习第二章第四节	—		
2-21	学习第二章第四节	—		
2-22	学习第二章第四节	—		
2-23	学习第二章第四节	—		
2-24	学习第二章第四节	—		
2-25	学习第二章第四节 复习第二章前四节	2-2		
2-26	学习第二章第五节	—		
2-27	学习第二章第五节	—		
2-28	学习第二章第五节	—		
2-29	学习第二章第五节	—		
2-30	学习第二章第五节	—		
2-31	学习第二章第五节	—		
2-32	学习第二章第五节	—		
2-33	学习第二章第六节	—		
2-34	学习第二章第六节 复习第一、第二章	阶段2测评		

学习方案二

阶段—模块	承第一阶段学习方案二			
	学习、复习内容	检测	完成日期	定制调整内容
2-9	学习第二章第一节	—		
2-10	学习第二章第二节	—		
2-11	学习第二章第二节	—		
2-12	学习第二章第三节	—		
2-13	学习第二章第三节 复习第二章前三节	2-1		
2-14	学习第二章第四节	—		
2-15	学习第二章第四节	—		
2-16	学习第二章第四节	—		
2-17	学习第二章第四节	—		
2-18	学习第二章第四节 复习第二章前四节	2-2		
2-19	学习第二章第五节	—		
2-20	学习第二章第五节	—		
2-21	学习第二章第五节	—		
2-22	学习第二章第五节	—		
2-23	学习第二章第六节 复习第一、第二章	阶段2测评		

学习方案三

阶段—模块	承第一阶段学习方案三			
	学习、复习内容	检测	完成日期	定制调整内容
2-4	学习第二章第一、二、三节 复习第二章前三节	2-1		
2-5	学习第二章第四节	—		
2-6	学习第二章第四节 复习第二章前四节	2-2		
2-7	学习第二章第五节	—		
2-8	学习第二章第五节	—		
2-9	学习第二章第五节	—		
2-10	学习第二章第六节 复习第一、第二章	阶段2测评		

第二阶段通关宝典

第二章 资产

本章考情分析

本章是初级会计实务考试里最重要的部分,每年所占的分值都非常高,所有的题型均会涉及。考生在学习的过程中,对于每一个考点应举一反三,复杂的考点要与其他章节的知识融会贯通,从整体上把握知识框架。

年份 题型	2013年		2014年		2015年		2016年		2017年	
	数量	分值	数量	分值	数量	分值	数量	分值	数量	分值
单选题	11	16.5	8	12	8	12	11	16.5	11	16.5
多选题	1	2	2	4	2	4	4	8	5	10
判断题	3	3	3	3	3	3	3	3	6	6
不定项选择题	10	20	9	18	6	12	6	12	6	12
合计	25	41.5	22	37	19	31	24	39.5	28	44.5

第一节 货币资金

一、库存现金

考点1. 使用范围:
(1) 对个人:可用现金;
(2) 对企业:结算起点(1 000元)以下的支出,可用现金。

考点2. 现金的限额:
(1) 一般情况:单位3—5天日常零星开支所需;
(2) 交通不便地区:按5—15天来确定,最高不能超过15天。
【注意】现金的限额由开户银行核定。

★考点3. 现金的清查:
(1) 实地盘点法;
(2) 对清查结果编制现金盘点报告单。

★★★ 考点4．现金清查：

情形		会计分录
（1）现金短缺 （实存<账存）	①批准前	借：待处理财产损溢 　贷：库存现金
	②批准后	借：其他应收款（责任人或保险公司赔偿） 　　管理费用（无法查明原因） 　贷：待处理财产损溢
（2）现金溢余 （实存>账存）	①批准前	借：库存现金 　贷：待处理财产损溢
	②批准后	借：待处理财产损溢 　贷：其他应付款（应支付给有关人员或单位） 　　营业外收入（无法查明原因）

【易混点】现金短缺无法查明原因计管理费用；现金溢余无法查明原因计营业外收入。

【例1·单选】关于企业无法查明原因的现金溢余，经批准后会计处理表述正确的是（　　）。
A．冲减财务费用　　　　　　　B．冲减管理费用
C．计入其他应付款　　　　　　D．计入营业外收入
【答案】D
【解析】企业无法查明原因的现金溢余，经批准后计入营业外收入。

二、银行存款
考点1．银行存款的核对：
（1）"银行存款日记账"定期与"银行对账单"核对(每月)；
（2）若有差额，编制"银行存款余额调节表"。
【注意】银行存款余额调节表的作用只是为了核对账目，不能作为更正账簿记录的依据。

★ 考点2．银行存款余额调节表的编制：

情形	余额对比
（1）企业已收，银行未收	日记账余额>对账单余额
（2）企业已付，银行未付	日记账余额<对账单余额
（3）银行已收，企业未收	日记账余额<对账单余额
（4）银行已付，企业未付	日记账余额>对账单余额

【注意】①实际持有的余额："银行存款"的期末余额（即日记账账面余额）；

[35]

②实际动用的余额：调节后的余额。

【记忆口诀】编制方法：站在企业看银行，站在银行看企业；加收减付。

【例2】甲公司2×16年12月31日银行存款日记账的余额为5 400 000元，银行转来对账单的余额为8 300 000元。经逐笔核对，发现以下未达账项：

(1) 企业送存转账支票6 000 000元，并已登记银行存款增加，但银行尚未记账。

(2) 企业开出转账支票4 500 000元，但持票单位未到银行办理转账，银行尚未记账。

(3) 企业委托银行代收某公司购货款4 800 000元，银行已入账，但企业未收到收款通知。

(4) 银行代企业支付电话费400 000元，但企业未收到银行付款通知。

银行存款余额调节表　　　　　　　　　　　　单位：元

项目	金额	项目	金额
企业银行存款日记账余额	5 400 000	银行对账单余额	8 300 000
加：银行已收、企业未收款	4 800 000	加：企业已收、银行未收款	6 000 000
减：银行已付、企业未付款	400 000	减：企业已付、银行未付款	4 500 000
调节后的存款余额	9 800 000	调节后的存款余额	9 800 000

【例3·单选】2015年9月30日，某企业银行存款日记账账面余额为216万元，收到银行对账单的余额为212.3万元。经逐笔核对，该企业存在以下记账差错及未达账项：从银行提取现金6.9万元，会计人员误记为9.6万元；银行为企业代付电话费6.4万元，但企业未接到银行付款通知，尚未入账。9月30日调节后的银行存款余额为（　　）万元。

A. 212.3　　　　　　　　　　B. 206.9
C. 218.7　　　　　　　　　　D. 225.1

【答案】A

【解析】调节后的银行存款余额＝216＋（9.6－6.9）－6.4＝212.3（万元）

三、其他货币资金

★考点1．内容：<u>银行汇票</u>、<u>银行本票</u>、<u>信用卡</u>、<u>信用证保证金</u>、<u>存出投资款</u>、<u>外埠存款</u>。

【记忆口诀】两银行；两存款；两信用。

【例4·多选】下列各项中，应通过"其他货币资金"科目核算的有（　　）。(2017年、2014年）

A. 申请开具信用证向银行交存的信用证保证金
B. 为购买有价证券向证券公司指定账户划出的资金
C. 申请银行本票向银行转存的款项

D.销售商品收到购货方交来的商业汇票

【答案】ABC

【解析】选项D计入应收票据。

★ 考点2．其他货币资金的账务处理：

情形	会计分录
（1）取得时	借：其他货币资金 　　贷：银行存款
（2）使用时	借：××资产等 　　应交税费——应交增值税（进项税额） 　　贷：其他货币资金

【例5】A公司为增值税一般纳税人，为取得银行本票，向银行填交"银行本票申请书"，并将20 000元银行存款转作银行本票存款。A公司编制如下会计分录：

借：其他货币资金——银行本票　　　　　　　　　　20 000
　　贷：银行存款　　　　　　　　　　　　　　　　　　　　20 000

A公司用银行本票购买办公用品1 000元，增值税专用发票上注明的增值税税额为170元。A公司编制如下会计分录：

借：管理费用　　　　　　　　　　　　　　　　　　1 000
　　应交税费——应交增值税（进项税额）　　　　　170
　　贷：其他货币资金——银行本票　　　　　　　　　　1 170

第二节　应收及预付款项

一、应收票据

考点1．概念：是指因销售商品、提供劳务等而收到的商业汇票。

考点2．商业汇票根据承兑人不同分为：

（1）银行承兑汇票；

（2）商业承兑汇票。

【对比】①支票通过"银行存款"核算；

②商业汇票通过"应收/应付票据"核算；

③银行汇票/本票通过"其他货币资金"核算。

★ 考点3. 应收票据的账务处理：

情形		会计分录
（1）取得时	①债务人抵偿前欠货款	借：应收票据 　　贷：应收账款
	②销售商品、提供劳务等	借：应收票据 　　贷：主营业务收入 　　　　应交税费——应交增值税（销项税额）
（2）到期收回时	①收到钱	借：银行存款 　　贷：应收票据
	②收不到钱	借：应收账款 　　贷：应收票据
（3）没到期时	①背书转让	借：原材料/库存商品等 　　　应交税费——应交增值税（进项税额） 　　贷：应收票据（按商业汇票的票面金额） 　　　　银行存款（差额，或借方）
	②贴现转让	借：银行存款（收到的钱） 　　　财务费用（贴现息——给银行的） 　　贷：应收票据（票面价值）

【注意】应收票据贴现息计入财务费用。

二、应收账款

考点1. 概念：因销售商品、提供劳务等<u>没有</u>收取的款项。

主要包括：<u>价款</u>、<u>相关税费</u>、<u>代垫包装费</u>、<u>运杂费</u>。

【记忆口诀】价、税、费。

【注意】增值税销项税额、代垫运杂费等，属于应收账款的核算范围，不属于销售收入。

★★ **考点2. 应收账款的账务处理**：

情形	会计分录
（1）发生<u>赊销</u>时 （<u>有现金折扣，按折扣前价格入账</u>）	借：应收账款 　　贷：主营业务收入 　　　　应交税费——应交增值税（销项税额） 　　　　银行存款（代垫的各类款项）
（2）发生<u>现金折扣</u>时	借：银行存款 　　　财务费用（<u>折扣金额</u>） 　　贷：应收账款
（3）转为<u>商业汇票</u>时	借：应收票据 　　贷：应收账款

【例1·单选】下列各项中，在确认销售收入时不影响应收账款入账金额的是（　　）。
A.销售价款　　　　　　　　B.销售产品代垫的运杂费
C.现金折扣　　　　　　　　D.增值税销项税额
【答案】C
【解析】现金折扣发生在应收账款确认之后，所以，对应收账款的入账金额没有影响。

【例2】A公司为增值税一般纳税人，采用托收承付结算方式向B公司（一般纳税人）销售商品一批，取得的增值税专用发票上注明的价款为100 000元，增值税税额为17 000元，已办理托收手续，A公司应编制如下会计分录：
借：应收账款　　　　　　　　　　　　　　117 000
　　贷：主营业务收入　　　　　　　　　　　　100 000
　　　　应交税费——应交增值税（销项税额）　 17 000
A公司实际收到款项时，应编制如下会计分录：
借：银行存款　　　　　　　　　　　　　　117 000
　　贷：应收账款　　　　　　　　　　　　　　117 000

三、预付账款

考点1．概念：是企业采购等预付的款项。
【注意】预付款项不多的企业，可不设"预付账款"，直接记入"应付账款"借方。

【例3·单选】企业未设置"预付账款"科目，发生预付货款时应借记的会计科目是（　　）。
A.预收账款　　B.应收账款　　C.其他应付款　　D.应付账款
【答案】D
【解析】不设"预付账款"科目的企业，可以将预付账款直接记入"应付账款"借方。

考点2．预付账款的账务处理：

情形	会计分录
（1）预付时	借：预付账款 　　贷：银行存款
（2）收到物资时	借：原材料等 　　应交税费——应交增值税（进项税额） 　　贷：预付账款
（3）补付余款时	借：预付账款 　　贷：银行存款
（4）收回多余款项时	借：银行存款 　　贷：预付账款

四、应收股利和应收利息

考点1. 应收股利概念：应收的<u>现金股利</u>和其他单位分配的利润。

考点2. 应收股利的账务处理：

借：应收股利
　　贷：投资收益等
借：银行存款等
　　贷：应收股利

考点3. 应收利息：是指<u>应</u>向债务人<u>收取的利息</u>。

考点4. 应收利息的账务处理：

借：应收利息
　　贷：投资收益

【例4】C公司持有D公司一项债券投资，2017年1月1日，C公司收到D公司通知，向其拟支付2016年利息500 000元，款项尚未支付，不考虑相关税，C公司应编制如下分录：

借：应收利息——D公司　　　　　　　　　　　　　　500 000
　　贷：投资收益——D公司　　　　　　　　　　　　　　　500 000

五、其他应收款

★★★**考点1. 其他应收款的主要内容**：
（1）各种<u>赔款、罚款</u>，如应收保险公司的赔款等；
（2）应收取的各种<u>租金</u>，如出租包装物租金；
（3）各种<u>垫付款项</u>，如为职工垫付的水电费、医药费、房租费等；
（4）<u>存出保证金</u>，如租入包装物支付的押金；
（5）其他各种<u>应收、暂付款项</u>，如备用金、出差人员预借的差旅费等。

【例5·单选】下列各项中，企业应通过"其他应收款"科目核算的是（　　）。
A. 出租包装物收取的押金　　　　B. 为职工垫付的水电费
C. 代购货方垫付的销售商品运费　　D. 销售商品未收到的货款
【答案】B
【解析】选项A通过"其他应付款"科目核算；选项C、D通过"应收账款"科目核算。

六、应收款项减值

★★**考点1. 应收款项减值损失的确认**：
（1）因拒付、破产、死亡等原因导致无法收回就是坏账，遭受的损失即<u>坏账损失</u>。

（2）应收账款的账面价值高于预计未来现金流量现值的，应计提<u>坏账准备</u>。
（3）我国规定只能用<u>备抵法</u>核算应收款项的减值。
（4）应收账款、应收票据、预付账款、其他应收款等都要<u>计提减值</u>。

★★考点2．坏账准备的计提：

当期应计提的坏账准备＝<u>当期按应收款项计算</u>应提<u>坏账准备金额</u>
　　　　　　　　＋"坏账准备"<u>借方</u>余额
　　　　　　　（或）－"坏账准备"<u>贷方</u>余额

★★★考点3：坏账准备的账务处理：

情形	会计分录	对"应收款项"账面价值的影响
（1）<u>计提</u>时	借：资产减值损失 　　贷：坏账准备	减少
（2）<u>冲回</u>多计提时	借：坏账准备 　　贷：资产减值损失	增加
（3）<u>发生</u>坏账损失时	借：坏账准备 　　贷：应收账款	不影响
（4）已确认的坏账<u>又收回</u>时	借：应收账款 　　贷：坏账准备 借：银行存款 　　贷：应收账款	减少

【注意】应收款项的账面<u>价值</u>＝应收款项的账面余额－相应的坏账准备金额
应收款项的账面<u>余额</u>＝应收项款<u>期初</u>余额＋本期<u>增加</u>发生额－本期<u>减少</u>发生额

【例6·单选】2016年12月1日，某公司"坏账准备——应收账款"科目贷方余额为1万元。12月16日，收回已作坏账转销的应收账款1万元。12月31日，应收账款账面金额为120万元。经减值测试，应收账款的预计未来现金流量现值为108万元，不考虑其他因素，12月31日该公司应计提的坏账准备金额为（　　）万元。（2017年）
A．12　　　　　B．13　　　　　C．10　　　　　D．11
【答案】C
【解析】应计提的坏账准备＝（120－108）－1－1＝10（万元）。

【例7·单选】企业已计提坏账准备的应收账款确实无法收回，经批准作为坏账转销时，应编制的会计分录为（　　）。（2016年）
A．借记"资产减值损失"科目，贷记"坏账准备"科目
B．借记"管理费用"科目，贷记"应收账款"科目
C．借记"坏账准备"科目，贷记"应收账款"科目
D．借记"坏账准备"科目，贷记"资产减值损失"科目

【答案】C

【解析】企业实际发生坏账损失时,表示以前的应收账款可能永远都收不回了,应收账款减少,坏账准备减少。借:坏账准备,贷:应收账款。

第三节 交易性金融资产

(2018年重大调整)

一、概述

考点1. 概念:为近期内出售而持有的金融资产,如以赚取差价为目的购入股票、债券等。

二、交易性金融资产的账务处理

★★★**考点1. 交易性金融资产的账务处理**:

情形		会计分录
(1) 取得时		借:交易性金融资产——成本(含已宣告但尚未发放的现金股利、已到付息期尚未领取的债券利息) 　　投资收益(交易费用) 　　应交税费——应交增值税(进项税额) 　贷:其他货币资金——存出投资款等
(2) 持有期间	①被投资单位宣告发放现金股利,或债券利息到期	借:应收股利/应收利息 　贷:投资收益
	②收到时	借:其他货币资金——存出投资款等 　贷:应收股利/应收利息
(3) 资产负债表日	①公允价值上升	借:交易性金融资产——公允价值变动 　贷:公允价值变动损益
	②公允价值下跌	借:公允价值变动损益 　贷:交易性金融资产——公允价值变动
(4) 出售时		借:其他货币资金——存出投资款 　贷:交易性金融资产——成本 　　　　　　　　　　——公允价值变动(或借方) 　　投资收益(差额倒挤,损失记借方,收益记贷方) 同时: 借:公允价值变动损益(或贷方) 　贷:投资收益(或借方)

【注意】持有期间对于被投资单位宣告发放的股票股利,无需做账务处理。

【例1·判断】交易性金融资产持有期间,投资单位收到投资前被投资单位已宣告但尚未发放的现金股利时,应确认投资收益。( )(2017年)(2018年变化)

【答案】√

【解析】本题中收到的股利同时满足三个条件：
（1）收取股利的权利已确立；
（2）相关经济利益很可能流入企业；
（3）股利的金额能够可靠的计量，所以确认投资收益。

【例2·判断】出售交易性金融资产发生的净损失应计入营业外支出。（　　）（2017年）
【答案】×
【解析】应计入投资收益。

【例3】2017年5月1日，A公司从上海证券交易所购入B上市公司股票200 000股，该笔股票投资在购买日的公允价值为1 000 000元（其中含已宣告但尚未发放的现金股利500 000元），另支付相关交易费用25 000元，取得增值税专用发票上注明的增值税税额为1 500元。A公司将其划分为交易性金融资产进行管理和核算。编制如下会计分录：

借：交易性金融资产——B上市公司股票——成本　　　1 000 000
　　投资收益——B上市公司股票　　　　　　　　　　　　25 000
　　应交税费——应交增值税（进项税额）　　　　　　　　1 500
　贷：其他货币资金——存出投资款　　　　　　　　　　1 026 500

【例4】承【例3】，2017年5月20日，A公司收到B上市公司向其发放的现金股利500 000元，并存入银行，假定不考虑相关税费。A公司应编制如下会计分录：

借：其他货币资金——存出投资款　　　　　　　　　　500 000
　贷：投资收益——B上市公司股票　　　　　　　　　　500 000

【例5】承【例4】，2018年1月1日，A上市公司宣告发放2017年现金股利，A公司按其持有该上市公司股份计算确定的应分得的现金股利为900 000元。假定不考虑相关税费，A公司应编制如下会计分录：

借：应收股利——B上市公司　　　　　　　　　　　　900 000
　贷：投资收益——B上市公司股票　　　　　　　　　　900 000

【例6】承【例3】，2018年6月30日，A公司持有B上市公司股票的公允价值为9 200 000元；2018年12月31日，A公司持有B上市公司股票的公允价值为13 000 000元。A公司应编制如下会计分录：

（1）借：公允价值变动损益——B上市公司股票　　　　800 000
　　　贷：交易性金融资产——B上市公司股票——公允价值变动
　　　　　　　　　　　　　　　　　　　　　　　　　　800 000

（2）借：交易性金融资产——B上市公司股票——公允价值变动
　　　　　　　　　　　　　　　　　　　　　　　　　3 800 000
　　　贷：公允价值变动损益——B上市公司股票　　　　3 800 000

[43]

【例7·单选】甲公司将其持有的交易性金融资产全部出售,售价为3 000万元;出售前该金融资产的账面价值为2 800万元(其中成本2 500万元,公允价值变动300万元)。假定不考虑其他因素,甲公司对该交易应确认的投资收益为(　　)万元。(2015年)

A. 200　　　　B. -200　　　　C. 500　　　　D. -500

【答案】C

【解析】甲公司对该交易应确认的投资收益=3 000-2 500=500(万元)。

相关会计分录如下:

借:其他货币资金等　　　　　　　　　　　　　　3 000
　　贷:交易性金融资产——成本　　　　　　　　　　　2 500
　　　　　　　　　　——公允价值变动　　　　　　　　300
　　　　投资收益　　　　　　　　　　　　　　　　　200
借:公允价值变动损益　　　　　　　　　　　　　　300
　　贷:投资收益　　　　　　　　　　　　　　　　　　300

三、转让金融商品应交增值税(2018年新增)

考点1. 账务处理:

(1)转让金融资产当月月末,如产生**转让收益**,则按应纳税额,做如下会计分录:

借:投资收益
　　贷:应交税费——转让金融商品应交增值税

(2)如产生**转让损失**,做相反分录。

年末,如果"应交税费——转让金融商品应交增值税"有**借方余额**,此损失不能转入下年继续抵减,应借"**投资收益**"等科目,贷"**应交税费——转让金融商品应交增值税**"科目,将本账户清零。

检测2-1

第四节　存货

一、存货的内容

★**考点1. 存货的内容**:存货是企业持有的,用于消耗或出售的**各种财产物资**。

包括各类材料、在产品、半成品、产成品、商品及包装物、低值易耗品、委托代销商品等。

【注意1】判断是否属于企业的存货，以所有权为标志，不以存放地点判断。所以"在途物资""发出商品""委托加工物资"属于企业的存货。

【注意2】生产成本的借方余额为在产品：属于存货。

【注意3】房地产开发企业购入用于建造商品房的土地、开发商品房属于企业的存货。

【注意4】受托代销商品、工程物资：不属于存货。

【注意5】已完成销售手续、但购买方尚未提取的产品，不属于企业的存货。

二、存货的成本

★★★考点1．成本的确定：包括采购成本、加工成本和其他成本。

★★★考点2．采购成本计算公式：

采购成本＝买价＋相关税费＋运输费＋装卸费＋保险费＋其他可归属于存货采购成本的费用

（1）买价：发票账单上列明的价款（不包括按规定可以抵扣的增值税税额）。

（2）相关税费：进口关税、消费税、资源税、不能抵扣的增值税进项税额、教育费附加等。

（3）运输费用：一般纳税人取得运输增值税专用发票注明的税额可以抵扣销项税额。

（4）其他可归属于存货采购成本的费用：

①存货采购过程中发生的仓储费、包装费；

②运输途中的合理损耗；

③入库前的挑选整理费。

增值税进项税额	一般纳税人	记入"应交税费——应交增值税（进项税额）"，不计入存货采购成本
	小规模纳税人	计入存货采购成本

【注意1】入库后发生的储存费用：应计入当期损益（管理费用）。但是在生产过程中为达到下一个生产阶段所必需的仓储费用则应计入存货成本。

【注意2】运输途中的合理损耗：仅仅是提高了存货的单位成本，不影响存货的总成本。

【小剧场】你用100元买了5只小猪，在回家的途中，有1只猪跑了，最后只剩下4只小猪。

（1）买小猪时，一共花了100元，卖主不会因为你在回家的途中，跑了1只猪，而少收20元，即总成本不会发生变化；

（2）回家计算每只猪的单位成本，因为只剩下4只小猪，所以分摊下来，每只小猪的单位成本＝100÷（5－1）＝25（元），即单位成本发生变化了。

【注意3】企业设计产品发生的设计费用通常应计入当期损益，但是为特定客户设计产品所发生的、可直接确定的设计费用应计入存货的成本。

【例1·多选】下列各项中，属于材料采购成本的有（　　）。（2015年）
A.材料采购运输途中发生的合理损耗　　B.购买材料的价款
C.购入材料的运杂费　　D.材料入库前的挑选整理费
【答案】ABCD
【解析】选项ABCD均属于材料采购成本。

【例2·单选】某企业为增值税一般纳税人，2016年9月购入一批原材料，增值税专用发票上注明的价款为50万元。增值税税额为8.5万元。款项已经支付。另以银行存款支付装卸费0.3万元（不考虑增值税）。入库时发生挑选整理费0.2万元。运输途中发生合理损耗0.1万元。不考虑其他因素，该批原材料的入账成本为（　　）万元。
A. 50.5　　B. 59　　C. 50.6　　D. 50.4
【答案】A
【解析】存货的采购成本包括购买价款、运输费、装卸费、保险费以及其他可归属于存货采购成本的费用。所以本题中原材料的入账成本＝50＋0.3＋0.2＝50.5（万元）。

【例3·单选】某企业为增值税一般纳税人。本月购进原材料200吨，增值税专用发票上注明的价款为60万元，增值税税额为10.2万元，支付的保险费为3万元，入库前的挑选整理费用为1万元。不考虑其他因素，该批原材料实际成本为每吨（　　）万元。
A. 0.3　　B. 0.32　　C. 0.371　　D. 0.351
【答案】B
【解析】实际成本＝60＋3＋1＝64（万元）；单位成本＝64÷200＝0.32（万元／吨）。

三、发出存货的计价方法
考点1．计价方法：<u>实际成本法</u>、<u>计划成本法</u>。

★★★**考点2．在实际成本法下，企业发出存货成本的计价方法**：<u>个别计价法</u>、<u>先进先出法</u>、<u>月末一次加权平均法</u>、<u>移动加权平均法</u>。

【注意】存货发出的计价方法一经确定，不得随意变更。
【小剧场】煎饼果子来一套！一个鸡蛋一块钱！喜欢脆的多放面！辣椒腐乳小葱花！铁板铁铲小木刷！加几个蛋？<u>先加一个</u>！
（先：先进先出法；加：月末一次加权平均法；一：移动加权平均法；个：个别计价法）

★ 考点3．个别计价法：

(1) 优点	成本计算准确，符合实际
(2) 缺点	在存货收发频繁情况下，工作量大，成本高
(3) 适用范围	不能替代使用的存货，如珠宝、名画等贵重物品

【注意】该方法使得发出成本与取得成本完全一致。

★ 考点4．先进先出法：

(1) 优点	随时结转发出存货成本
(2) 缺点	存货业务较多且单价不稳定时，工作量较大

【注意】该方法在物价上升时，期末存货成本接近于市价，而发出存货成本偏低，会高估企业当期利润和库存存货价值；反之，会低估企业库存存货价值和当期利润。

【例4】丙公司账面显示：D商品期初结存存货为1 500元（150件×10元），本期购入存货三批，按先后顺序分别为：1 200元（100件×12元）、2 800元(200件×14元)，1 500元(100件×15元)。本期发出存货为400件，期末库存150件，则：

本期发出存货成本＝(150×10)＋(100×12)＋(150×14)＝4 800（元）

期末结存存货成本＝50×14＋100×15＝2 200（元）

★★ 考点5．月末一次加权平均法：

(1) 计算公式	①单位成本＝总成本/总数量 ＝(月初成本＋本月购入成本)÷(月初存货量＋本月购入存货量) ②本月发出存货成本＝本月发出存货量×单位成本 ③月末存货成本＝月初存货成本＋本月购入成本－本月发出成本
(2) 优点	计算简便，利于简化成本计算工作
(3) 缺点	平时无法随时结出存货成本，不利于存货成本的日常管理与控制

【例5·单选】企业采用月末一次加权平均法计算发出材料成本。2014年3月1日结存甲材料200件，单位成本40元；3月15日购入甲材料400件，单位成本35元；3月20日购入甲材料400件，单位成本38元；当月共发出甲材料500件。3月发出甲材料的成本为（　　）元。（2015年）

A. 18 500　　　　B. 18 600　　　　C. 19 000　　　　D. 20 000

【答案】B

【解析】加权平均单价＝(200×40＋400×35＋400×38)／(200＋400＋400)＝37.2（元／件）；3月发出甲材料的成本＝37.2×500＝18 600（元）。

★ **考点6．移动加权平均法：**

（1）计算公式	①存货单位成本 ＝（原有存货成本＋本次进货成本）÷（原有存货量＋本次进货量） ②本次发出存货成本＝本次发出存货量×本次单位成本 ③月末存货成本＝月末存货量×月末单位成本
（2）优点	能够及时了解存货的结存情况，计算结果比较客观
（3）缺点	计算工作量较大，对收发货较频繁的企业不适用

【例6·判断】采用移动加权平均法计算发出存货成本，不能在月度内随时结转发出存货的成本。（ ）（2017年）

【答案】×

【解析】采用移动加权平均法计算发出存货成本，能够使企业管理层及时了解存货的结存情况，可以在月度内随时结转发出存货的成本。

四、原材料（按实际成本核算）

★★★ **考点1．购入原材料的账务处理：**

情形	会计分录
（1）票与料同时到	借：原材料 　　应交税费——应交增值税（进项税额） 　贷：银行存款等
（2）票到、料未到	借：在途物资 　　应交税费——应交增值税（进项税额） 　贷：银行存款等 待材料到达： 借：原材料 　贷：在途物资
（3）料到、票未到	借：原材料 　贷：应付账款——暂估应付账款 下月初做相反会计分录予以冲回： 借：应付账款——暂估应付账款 　贷：原材料
（4）预付货款、材料未到	借：预付账款 　贷：银行存款 待验收入库： 借：原材料 　　应交税费——应交增值税（进项税额） 　贷：预付账款 （补付货款与预付相同）

【注意】购货方支付的增值税进项税额不能抵扣的（如小规模纳税人），计入原材料成本。

【例7·判断】月末货到单未到的入库材料应按暂估价入账,并于下月初作相反方向会计分录予以冲回。(　　)(2017年)
【答案】√
【解析】材料已到、发票账单未到的情况,平时不做账务处理,月末暂估入账,下月冲回。

考点2. 发出原材料的账务处理:(原则:谁受益谁承担)
借:生产成本(生产产品领用)
　　制造费用(车间一般耗用)
　　管理费用(行政管理部门耗用)
　　销售费用(销售部门耗用)
　贷:原材料

五、原材料(按计划成本核算)
★★考点1. 核算需设置的科目:

材料采购　－　原材料　＝　材料成本差异
(实际成本)　(计划成本)　　(差异)

科目	核算内容
(1)原材料	借方登记入库材料的计划成本,贷方登记出库材料的计划成本,期末余额在借方,反映企业库存材料的计划成本
(2)材料采购	借方登记采购材料的实际成本,贷方登记入库材料的计划成本
(3)材料成本差异	借方登记超支差异及发出材料应负担的节约差异 贷方登记节约差异及发出材料应负担的超支差异 期末借方余额,反映库存材料的超支差异 期末贷方余额,反映节约差异

【注意】采用计划成本核算,材料的收发及结存,均按照计划成本计价。
【对比】"在途物资"与"材料采购"是用于核算未入库材料的实际成本的会计科目,实际成本法下用"在途物资"科目,计划成本法下用"材料采购"科目。

【例8·单选】下列各项中,关于"材料成本差异"科目的表述正确的是(　　)。
A. 期初贷方余额反映库存材料的超支差异
B. 期末余额应在资产负债表中单独列示
C. 期末贷方余额反映库存材料的节约差异
D. 借方登记入库材料的节约差异
【答案】C

【解析】期末贷方余额反映库存材料的节约差异,选项A错误;期末余额在"存货"项目中填列,选项B错误;借方登记入库材料的超支差异,选项D错误。

考点2. 购入原材料的账务处理:

情形	会计分录
(1)在计划成本法下,材料<u>无论是否验收入库</u>,都要先通过"材料采购"科目进行核算,以反映所购材料的实际成本	借:**材料采购**(<u>实际成本</u>) 　　应交税费——应交增值税(进项税额) 贷:银行存款等
(2)<u>验收入库时</u>	借:原材料(<u>计划成本</u>) 　　**材料成本差异**(倒挤,可能在贷方) 贷:材料采购(实际成本)
(3)如果材料已到、发票账单未到	与实际成本法一样,月末暂估入账,下月冲回

【例9】乙公司为增值税一般纳税人,购入A材料一批,增值税专用发票注明价款3 000 000元,增值税税额510 000元,发票账单已收到,计划成本3 200 000元,已验收入库,全部款项以银行存款支付。乙公司采用计划成本进行材料日常核算,应编制会计分录:

　　借:材料采购——L材料　　　　　　　　　　　　　3 000 000
　　　　应交税费——应交增值税(进项税额)　　　　　510 000
　　　　贷:银行存款　　　　　　　　　　　　　　　　　　3 510 000
　　同时:
　　借:原材料——L材料　　　　　　　　　　　　　　　3 200 000
　　　　贷:材料采购——L材料　　　　　　　　　　　　　　3 000 000
　　　　　　材料成本差异——L材料　　　　　　　　　　　　200 000

考点3. 发出原材料的账务处理:

　　借:<u>生产</u>成本(<u>生产产品领用材料实际成本</u>)
　　　　<u>制造</u>费用(<u>车间一般耗用实际成本</u>)
　　　　<u>管理</u>费用(<u>管理部门领用实际成本</u>)
　　　　<u>销售</u>费用(<u>销售部门领用实际成本</u>)
　　　　贷:原材料(<u>计划成本</u>)
　　　　　　材料成本差异(可能在借方)

【记忆口诀】采购时,实际成本;
　　　　　　入库时,计划成本;
　　　　　　出库时,计划成本;
　　　　　　承担时,实际成本。

★★★ 考点4．当月结转发出材料应负担的成本差异的计算公式：

（1）差异率＝（期初差异＋本期差异）/（期初计划成本＋本期计划成本）×100%
　　　　　＝总差异/总计划成本×100%

（2）发出材料应负担的成本差异＝发出的计划成本×差异率

（3）发出材料的实际成本＝发出的计划成本×（1＋差异率）

（4）结存材料应负担的材料成本差异＝结存的计划成本×差异率

（5）结存材料的实际成本＝结存的计划成本×（1＋差异率）

【注意】材料成本差异率如为负数，代表节约差；如为正数，代表超支差。

【例10·单选】某企业材料采用计划成本核算，月初结存材料的计划成本为30万元，材料成本差异为节约2万元，当月购入材料的实际成本为110万元，计划成本为120万元，当月领用材料的计划成本为100万元。月末该企业结存材料的实际成本为（　　）万元。（2016年）

A．48　　　　　B．46　　　　　C．50　　　　　D．54

【答案】B

【解析】材料成本差异率＝（－2＋110－120）/（30＋120）＝－8%，为节约差异

结存材料的计划成本＝总计划成本（30＋120）－出库计划成本100＝50（万元）

结存材料的实际成本＝50×（1－8%）＝46万元

领用材料计划成本100万元，实际成本＝100×（1－8%）＝92（万元）

月末该企业结存材料的实际成本＝30－2＋110－92＝46（万元）

【例11·单选】某企业期初原材料成本20万元，材料成本差异借方0.2万元，本月购入材料60万元，材料成本差异为节约1.8万元，发出材料45万元，则该企业结存材料实际成本（　　）万元。（2016年）

A．34.3　　　　B．33　　　　　C．35　　　　　D．35.2

【答案】A

【解析】材料成本差异率＝（0.2－1.8）/（20＋60）＝－2%

发出材料实际成本45×（1－2%）＝44.1（万元）

结存材料的实际成本＝（20＋0.2＋60－1.8）－44.1＝34.3（万元）

六、周转材料

考点1．包装物的内容：

（1）用于包装产品的包装物；

（2）不单独计价的包装物；

（3）单独计价的包装物；

（4）出租或出借给购买单位使用的包装物。

★★★**考点2. 出售包装物的账务处理：**

情形	会计分录
（1）随同商品出售而**不单独计价**（送）	借：销售费用（实际成本） 　　贷：周转材料——包装物（计划成本） 　　　　材料成本差异（倒挤，可能在借方）
（2）随同商品出售而**单独计价**（卖）	借：其他业务成本（实际成本） 　　贷：周转材料——包装物（计划成本） 　　　　材料成本差异（倒挤，可能在借方）

【注意】出租、出售单独计价包装物获得的收入是**其他业务收入**，包装物的成本就是其他业务成本，有其他业务收入的地方就有其他业务成本。

【小剧场】我们在超市购物结账时可以选购塑料袋，在点外卖时可以选用餐盒。塑料袋和餐盒都是单独收费的，却不是超市和饭店的主营业务，所以取得的销售收入是其他业务收入，同时塑料袋和餐盒也是商家采购来的，采购成本就是其他业务成本。我们在超市里买蔬菜水果时会用到保鲜袋，但是免费的，对于超市来说是为了便于顾客采购，而且是销售环节发生的，因此记入销售费用。

【例12·单选】下列各项中，随同商品出售而单独计价的包装物，应按其实际成本计入的会计科目是（　　）。（2017年）
A. 管理费用　　　　　　　　B. 其他业务成本
C. 营业外支出　　　　　　　D. 销售费用
【答案】B
【解析】随同商品出售，单独计价的包装物，应按实际成本计入其他业务成本。

考点3. 低值易耗品：一般工具、专用工具、替换设备、管理用具、劳动保护用品等。

考点4. 低值易耗品的摊销：
（1）设置**周转材料——低值易耗品**
　　　　　　　　——在库、在用、摊销三个明细科目
（2）金额较小的，可一次计入成本费用；也可以采用**分次摊销法**、**五五摊销法**。

【例13·多选】下列各项中，关于周转材料会计处理表述正确的有（　　）。（2014年）
A. 多次使用的包装物应根据使用次数分次进行摊销
B. 低值易耗品金额较小的可在领用时一次计入成本费用
C. 随同商品销售出借的包装物的摊销额应计入管理费用
D. 随同商品出售单独计价的包装物取得的收入应计入其他业务收入
【答案】ABD

【解析】选项C,随同商品销售出借的包装物的摊销额应计入销售费用。

七、委托加工物资

★★考点1．委托加工物资的成本：
（1）实际耗用的物资的成本；
（2）加工费；
（3）运杂费；
（4）税费等。

考点2．代扣代缴的消费税：
（1）收回后直接用于销售的：计入委托加工物资成本；
（2）收回后用于继续加工的：计入"应交税费——应交消费税"科目的借方。
【记忆口诀】直接销售进成本，连续加工可抵扣。

★★★考点3．委托加工物资的账务处理：

情形		会计分录
（1）发出加工物资		借：委托加工物资（实际成本） 　　贷：原材料等（计划成本） 　　　　材料成本差异（或借方）
（2）支付加工费用、运杂费等		借：委托加工物资 　　　应交税费——应交增值税（进项税额） 　　贷：银行存款等
（3）需要交纳消费税的委托加工物资	①收回后直接销售	借：委托加工物资 　　贷：银行存款等
	②收回后用于连续生产应税消费品	借：应交税费——应交消费税 　　贷：银行存款等
（4）加工完验收入库		借：原材料等（计划成本） 　　贷：委托加工物资 　　　　材料成本差异（或借方）

【注意】小规模纳税人随同加工费所支付的增值税，计入"委托加工物资"。

【例14·多选】甲企业委托乙企业加工一批物资，发出原材料的实际成本为100万元，支付运杂费3万元，加工费2万元（均不考虑增值税）。乙企业代收代缴消费税8万元，该物资收回后用于连续生产应税消费品。不考虑其他税费，下列各项中，关于甲企业委托加工物资会计处理结果表述正确的有（　　）。（2017年）

A．支付的运杂费3万元应计入委托加工物资成本
B．乙企业代收代缴的消费税8万元应计入委托加工物资成本
C．乙企业代收代缴的消费税8万元应借记"应交税费——应交消费税"科目
D．委托加工物资成本总额为105万元

【答案】ACD
【解析】甲企业委托加工物资的账务处理为：

借：委托加工物资　　　　　　　　　　　　　105（100＋3＋2）
　　应交税费——应交消费税　　　　　　　　　8
　　贷：原材料　　　　　　　　　　　　　　　　　100
　　　　银行存款等　　　　　　　　　　　　　　　13

八、库存商品

考点1. 库存商品的账务处理：（工业企业）

情形	会计分录
（1）<u>生产时</u>	借：生产成本 　　贷：原材料 　　　　应付职工薪酬等
（2）<u>验收入库时</u>	借：库存商品 　　贷：生产成本——基本生产成本
（3）<u>发出时</u>	借：主营业务成本 　　贷：库存商品

★★★**考点2. 库存商品的日常核算：（商业企业）**

方法	计算公式
（1）<u>毛利率法</u> （批发企业常用）	毛利率＝（毛利/销售额）×100%（已知条件） 毛利＝销售额－销售成本 销售成本＝销售额×（1－毛利率） **期末存货成本＝期初存货成本＋本期购货成本－本期销售成本** 【注意】销售额就是主营业务收入 　　　　销售成本就是主营业务成本
（2）<u>售价金额核算法</u> （零售企业常用）	①进销差价率 ＝（**期初进销差价＋本期进销差价**）÷（**期初售价＋本期售价**）×100% ②本期应分摊的进销差价＝本期销售收入×进销差价率 ③本期销售成本＝本期销售收入－本期应分摊的进销差价 ④**期末结存成本＝期初进价成本＋本期进价成本－本期销售成本**

【例15·单选】某商品流通企业采用毛利率法核算库存商品。2016年7月1日，家电类库存商品余额为360万元，7月份购进商品400万元，销售商品取得不含增值税收入580万元，上季度该类商品毛利率为20%。不考虑其他因素，7月31日该企业家电类库存商品成本为（　　）万元。（2017年）

A. 608　　　　B. 464　　　　C. 296　　　　D. 180

【答案】C

【解析】本期销售成本＝580×（1－20%）＝464（万元），结存存货成本＝360＋400－464＝296（万元）。

【例16·单选】某企业库存商品采用售价金额法核算，2015年5月初库存商品售价总额为14.4万元，进销差价率为15%，本月购入库存商品进价成本总额为18万元，售价总额为21.6万元，本月销售商品收入为20万元，该企业本月销售商品的实际成本为（　　）万元。(2016年)
A. 20　　　　　B. 16.8　　　　　C. 17　　　　　D. 16

【答案】B

【解析】本月的商品进销差价率＝（期初库存商品进销差价＋本期购入商品进销差价）÷（期初库存商品售价＋本期购入商品售价）×100%＝(14.4×15% ＋21.6－18)÷(14.4＋21.6) ×100%＝16%，所以该企业本月销售商品的实际成本＝20－20×16%＝16.8（万元）。

九、存货清查

★★★考点1. 存货清查的账务处理：

情况		会计分录
（1）盘盈	①发生时	借：原材料/库存商品等 　　贷：待处理财产损溢
	②转销时	借：待处理财产损溢 　　贷：管理费用
（2）盘亏	①发生时	借：待处理财产损溢 　　贷：原材料/库存商品等 　　　　应交税费——应交增值税（进项税额转出）（非自然非常损失）
	②转销时	借：银行存款（残料收入） 　　原材料（残料入库） 　　其他应收款（应收保险公司、过失人的赔款） 　　管理费用（一般经营损失、收发计量差错） 　　营业外支出（非常损失） 　　贷：待处理财产损溢

【注意】非常损失，是因管理不善造成货物被盗、丢失、霉烂变质等原因造成的损失，如果材料的毁损是因自然灾害造成的，进项税额可以从销项税额中抵扣，增值税的进项税额不作转出处理。

【例17·单选】下列各项中，关于企业原材料盘亏及毁损会计处理表述正确的是（　　）。
A. 保管员过失造成的损失，计入管理费用
B. 因台风造成的净损失，计入营业外支出
C. 应由保险公司赔偿的部分，计入营业外收入

D. 经营活动造成的净损失，计入其他业务成本

【答案】B

【解析】保管员过失造成的损失及保险公司赔偿部分，计入其他应收款；台风造成的净损失，计入营业外支出；经营活动造成的净损失，计入管理费用。

十、存货减值

★★考点1．存货计量原则：<u>成本</u>与<u>可变现净值孰低法</u>计量。

（1）成本是指期末存货的<u>实际成本</u>。

（2）可变现净值＝估计<u>售价</u>－进一步加工<u>成本</u>－估计的<u>销售费用</u>以及相关<u>税费</u>。

★★考点2．成本与可变现净值孰低计量：

情形	计量
（1）<u>成本＞可变现净值</u>	借：资产减值损失——计提的存货跌价准备 　　贷：**存货跌价准备** 若日后存货价值恢复，做<u>相反</u>分录，以"**存货跌价准备**"科目的余额<u>冲减至零为限</u>。
（2）<u>成本＜可变现净值</u>	不做账务处理

【例18·单选】2014年12月1日，某企业"存货跌价准备——原材料"科目贷方余额为10万元。2014年12月31日，"原材料"科目的期末余额为110万元，由于市场价格有所上升，使得原材料的预计可变现净值为115万元，不考虑其他因素。2014年12月31日原材料的账面价值为（　　）万元。（2015年）

A. 105　　　　　B. 110　　　　　C. 115　　　　　D. 100

【答案】B

【解析】存货期末按照成本与可变现净值孰低法计量，因为110＜115，所以原材料的账面价值为110万元。

【例19·不定项】A企业为增值税一般纳税人，适用的增值税税率为17%，该企业生产主要耗用一种原材料，该材料按计划成本进行日常核算，计划单位成本为每千克20元。2017年6月初，该企业"银行存款"科目余额为300 000元，"原材料"和"材料成本差异"科目的借方余额分别为30 000元和6 152元。6月份发生如下经济业务：

（1）5日，从B公司购入材料5 000千克，增值税专用发票上注明的销售价格为90 000元，增值税税额为15 300元，全部款项已用银行存款支付，材料尚未到达。

（2）8日，从B公司购入的材料到达，验收入库时发现短缺50千克，经查明，短缺为运输途中合理损耗，按实际数量入库。

（3）10日，从C公司购入材料3 000千克，增值税专用发票上注明的销售价格为57 000元，增值税税额为9 690元，材料已验收入库并且全部款项以银行存款支付。

（4）15日，从D公司购入材料4 000千克，增值税专用发票上注明的销售价格为88 000元，增值税税额为14 960元，材料已验收入库，款项尚未支付。

（5）6月份，A企业领用材料的计划成本总计为84 000元。

要求：根据上述资料，假定不考虑其他因素，分析回答下列小题。（金额单位用元表示）

1.根据资料(1)，下列各项中，A企业向B公司购入材料的会计处理结果正确的是（　）。

A. 原材料增加90 000元　　　　　B. 材料采购增加90 000元
C. 材料增加100 000元　　　　　D. 应交税费增加15 300元

【答案】B

【解析】资料（1）相关会计分录如下：

借：材料采购　　　　　　　　　　　　　　　　　　　　　90 000
　　应交税费——应交增值税（进项税额）　　　　　　　　15 300
　　贷：银行存款　　　　　　　　　　　　　　　　　　　　　　105 300

所以，选项ACD错误，应交税费在借方代表减少应交税费15 300元。

2.根据资料(2)，2013年度A企业的会计处理结果正确的是（　）。

A. 发生节约差异9 000元　　　　B. 发生超支差异9 000元
C. 原材料增加100 000元　　　　D. 原材料增加99 000元

【答案】AD

【解析】资料（2）相关会计分录如下：

借：原材料　　　　　　　　　　　　　　　　　99 000（4 950×20）
　　贷：材料采购　　　　　　　　　　　　　　　　　　　　　90 000
　　　　材料成本差异　　　　　　　　　　　　　　　　　　　9 000

3.根据材料（3），下列各项中，A企业会计处理正确的是（　）。

A. 借：原材料　　　　　　　　　　　　　　　　　　　　　60 000
　　　贷：材料采购　　　　　　　　　　　　　　　　　　　　60 000

B. 借：原材料　　　　　　　　　　　　　　　　　　　　　60 000
　　　应交税费——应交增值税（进项税额）　　　　　　　　10 200
　　　贷：应付账款　　　　　　　　　　　　　　　　　　　　70 200

C. 借：材料采购　　　　　　　　　　　　　　　　　　　　57 000
　　　应交税费——应交增值税（进项税额）　　　　　　　　9 690
　　　贷：银行存款　　　　　　　　　　　　　　　　　　　　66 690

D. 借：材料采购　　　　　　　　　　　　　　　　　　　　3 000
　　　贷：材料成本差异　　　　　　　　　　　　　　　　　　3 000

【答案】ACD

【解析】资料（3）相关会计分录如下：

借：材料采购　　　　　　　　　　　　　　　　　　57 000
　　应交税费——应交增值税（进项税额）　　　　 9 690
　　贷：银行存款　　　　　　　　　　　　　　　　　　66 690
借：原材料　　　　　　　　　　　　　　　60 000（3 000×20）
　　贷：材料采购　　　　　　　　　　　　　　　　　　57 000
　　　　材料成本差异　　　　　　　　　　　　　　　　 3 000

4.根据期初资料和资料（1）至（4），A企业"原材料"科目借方余额为269 000元，下列关于材料成本差异的表述正确的是（　　）。

A.当月材料成本差异率为3.77%
B."材料成本差异"科目的借方发生额为8 000元
C.当月材料成本差异率为0.8%
D."材料成本差异"科目的贷方发生额为19 000元

【答案】BC

【解析】6月份，"材料成本差异"科目的借方发生额=（88 000－4 000×20）(资料4)=8 000（元）；"材料成本差异"科目的贷方发生额=9 000（资料1、2）+3 000（资料3）=12 000（元）。6月30日，A公司"材料成本差异"科目借方余额=6 152－9 000－3 000+8 000=2 152（元）。

6月材料成本差异率=2 152/269 000×100%=0.8%。

5.根据期初资料和资料（1）至（5），2017年6月30日A企业相关会计科目期末余额计算结果正确的是（　　）。

A."银行存款"科目为26 050元
B."原材料"科目为153 000元
C."原材料"科目为186 480元
D."银行存款"科目为128 010元

【答案】D

【解析】6月30日，"银行存款"科目余额=300 000－105 30－66 690=128 010（元）；"原材料"科目余额=269 000－84 000=185 000（元）。

检测2-2

第五节　固定资产

一、固定资产概述
考点1．固定资产的特征：
（1）为<u>生产商品</u>、<u>提供劳务</u>、<u>出租</u>或<u>经营管理</u>而持有；
（2）使用<u>寿命</u>超过一个会计年度；
（3）<u>有形资产</u>。
【注意】<u>经营租出</u>、<u>融资租入</u>的固定资产属于企业的固定资产；
　　　　<u>经营租入</u>、<u>融资租出</u>的固定资产不属于企业的固定资产。

二、取得固定资产
★★★**考点1．取得的账务处理：**
（1）<u>外购</u>：

情况	会计分录
①不需安装	借：固定资产（<u>买价</u>＋<u>装卸费</u>＋<u>运输费</u>＋<u>安装费</u>＋<u>相关税费</u>） <u>应交税费——应交增值税（进项税额）</u> 贷：银行存款等
②需安装	借：在建工程（<u>买价</u>＋<u>装卸费</u>＋<u>运输费</u>＋<u>安装费</u>＋<u>相关税费</u>＋<u>专业人员服务费</u>） <u>应交税费——应交增值税（进项税额）</u> 贷：银行存款、应付职工薪酬等 借：固定资产 　　贷：在建工程

【注意1】固定资产达到预定使用状态前发生的合理支出都计入在建工程科目。
【注意2】一般纳税人：购入动产支付的增值税记入应交税费——应交增值税（进项税额），在购置当期全部一次性扣除；购入不动产：在2016年5月1日后，自取得之日起分2年抵扣，<u>第1年60%</u>，<u>第2年40%</u>。（小规模纳税人发生的进项税额需计入成本）
【注意3】以一笔款项购入多项没有单独标价的固定资产，将各项资产单独确认为固定资产，按各项固定资产公允价值的比例对总成本进行分配。

【例1·单选】某企业以500万元购入A、B、C三项没有单独标价的固定资产。这三项资产的公允价值分别为300万元、160万元和140万元。则A固定资产的入账成本为（　　）万元。
A.250　　　　B.300　　　　C.150　　　　D.500
【答案】A
【解析】A固定资产的入账成本＝500×300÷(300＋160＋140)＝250（万元）。

（2）**自行建造**：自营工程。（2018年重大调整）

经济业务	账务处理	
	属于动产的固定资产 （如生产线、机器设备等）	属于不动产的固定资产 （如厂房、仓库等）
a.购入工程物资	借：工程物资 　　应交税费——应交增值税（进项税额） 　贷：银行存款等	借：工程物资 　　应交税费——应交增值税（进项税额） 　　　　（当期可抵扣的增值税额，60%） 　　　　　——待抵扣进项税额 　　　　（以后期间可抵扣的增值税额，40%） 　贷：银行存款等
b.领用工程物资	借：在建工程 　贷：工程物资	借：在建工程 　贷：工程物资
c.领用本企业外购的原材料（或商品）	借：在建工程 　贷：原材料/库存商品	借：在建工程 　贷：原材料/库存商品 借：应交税费——待抵扣进项税额 　贷：应交税费——应交增值税（进项税额转出） （原已抵扣进项税额的40%部分转出）
d.领用自产产品	借：在建工程 　贷：库存商品	借：在建工程 　贷：库存商品 借：应交税费——待抵扣进项税额 　贷：应交税费——应交增值税（进项税额转出） （原已抵扣进项税额的40%部分转出）
e.发生的工程其他费用（如人员工资等）	借：在建工程 　贷：应付职工薪酬 　　　银行存款	借：在建工程 　贷：应付职工薪酬 　　　银行存款
f.工程达到预定可使用状态时	借：固定资产 　贷：在建工程	借：固定资产 　贷：在建工程

【注意】无论是动产的增值税，还是不动产的增值税，对在建工程的入账价值都不会构成影响。只是对增值税的计算和征缴构成影响。

【例2】丙公司为增值税一般纳税人，2017年1月1日，自行建造厂房一幢，购入为工程准备的物资500 000元，增值税专用发票上注明增值税税额为85 000元，全部用于工程建设。领用本企业生产的水泥一批，实际成本400 000元，相关进项税额68 000元，工程人员应计工资100 000元，支付的其他费用并取得增值税专用发票，注明安装费30 000元，税率11%，增值税税额3 300元。工程达到预定可使用状态，丙公司应编制如下会计分录：

（1）购入工程物资时：

借：工程物资　　　　　　　　　　　　　　　　　　　　500 000
　　应交税费——应交增值税（进项税额）　　　　　　　 51 000
　　　　　　——待抵扣进项税额　　　　　　　　　　　 34 000
　贷：银行存款　　　　　　　　　　　　　　　　　　　　　　　585 000

（2）工程领用全部工程物资时：
借：在建工程　　　　　　　　　　　　　　　500 000
　　贷：工程物资　　　　　　　　　　　　　　　　500 000

（3）工程领用本企业生产的水泥时：
借：在建工程　　　　　　　　　　　　　　　400 000
　　贷：库存商品　　　　　　　　　　　　　　　　400 000
同时，根据现行规定，核算领用水泥的进项税额中以后期间可抵扣的部分（40%）：
借：应交税费——待抵扣进项税额　　（68 000×40%）27 200
　　贷：应交税费——应交增值税（进项税额转出）　　27 200

（4）分配工程人员薪酬时：
借：在建工程　　　　　　　　　　　　　　　100 000
　　贷：应付职工薪酬　　　　　　　　　　　　　　100 000

（5）支付工程发生的其他费用时：
借：在建工程　　　　　　　　　　　　　　　　30 000
　　贷：银行存款　　　　　　　　　　　　　　　　 30 000
同时，根据现行规定，核算该费用相关的进项税额中以后期间可抵扣的部分（40%）：
借：应交税费——应交增值税（进项税额）　　　 1 980
　　　　　　——待抵扣进项税额　　　　　　　　 1 320
　　贷：银行存款　　　　　　　　　　　　　　　　 3 300

（6）完工转入固定资产=500 000+400 000+100 000+30 000=1 030 000（元）。
借：固定资产　　　　　　　　　　　　　　 1 030 000
　　贷：在建工程　　　　　　　　　　　　　　　1 030 000

【例3·单选】某增值税一般纳税企业自建仓库一幢，购入工程物资400万元，增值税税额为68万元，已全部用于建造仓库；耗用库存材料60万元，应负担的增值税税额为10.2万元；支付建筑工人工资52万元。该仓库达到预定可使用状态，其入账价值为（　　）万元。

A. 460　　　　　　B. 580　　　　　　C. 512　　　　　　D. 452

【答案】C
【解析】根据规定，建造固定资产相关的增值税可以抵扣，所以该仓库的入账价值=400+60+52=512（万元）。

三、固定资产折旧

考点1．应计折旧额的计算：应计折旧额=<u>原价</u>－<u>预计净残值</u>－<u>已计提的减值准备</u>

★★考点2. 影响折旧的因素：
（1）固定资产原价；
（2）预计净残值；
（3）固定资产减值准备；
（4）固定资产的使用寿命。
【注意】固定资产的使用寿命、预计净残值一经确定，不得随意变更。

★★考点3. 折旧范围：固定资产应当按月计提折旧。
（1）当月增加的固定资产：次月开始折旧；
（2）当月减少的固定资产：当月仍提，下月停提。
【注意1】不计提折旧的空间范围：
　　（1）已提足折旧仍继续使用的固定资产；
　　（2）单独计价作为固定资产入账的土地；
　　（3）以经营租赁方式租入的固定资产；
　　（4）以融资租赁方式租出的固定资产；
　　（5）处于更新改造过程中的固定资产；
　　（6）已全额计提减值准备的固定资产；
　　（7）提前报废的固定资产。
【注意2】未使用、不需用、大修理、季节性停用的固定资产要提折旧。

【例4·多选】下列各项中，应计提固定资产折旧的有（　　）。（2014年）
A. 经营租入的设备
B. 融资租入的办公楼
C. 已投入使用但未办理竣工决算的厂房
D. 已达到预定可使用状态但未投产的生产线
【答案】BCD
【解析】以经营租赁方式租入的设备不计提折旧，因为企业不拥有该设备所有权，所以选项A不应计提折旧。

【例5·判断】企业当月新增加的固定资产，当月不计提折旧，自下月起计提折旧，当月减少的固定资产，当月仍计提折旧。（　　）（2017年）
【答案】√
【解析】按照规定，当月增加的固定资产，当月不计提折旧，当月减少的固定资产要计提折旧。

★★★考点4. 折旧方法：年限平均法（直线法）、工作量法、双倍余额递减法、年数总和法。

折旧方法	计算公式
（1）年限平均法	①年折旧额＝（原价－净残值）÷预计使用年限 　　　　＝原价×（1－净残值率）÷预计使用年限 　　　　＝原价×年折旧率 其中：②净残值率＝净残值/原价×100% 　　　③年折旧率＝（1－净残值率）÷预计使用年限
（2）工作量法	①单位工作量折旧额＝[原价×（1－净残值率）]÷总工作量 ②月折旧额＝当月工作量×单位工作量折旧额
（3）双倍余额递减法	①年折旧率＝2/预计使用寿命（年）×100%（前期不考虑净残值） ②折旧额＝期初固定资产账面净值×折旧率 【注意】后两年采用年限平均法，考虑残值。
（4）年数总和法	①年折旧率＝尚可使用年限/预计使用年限的年数总和×100% ②年折旧额＝（固定资产原值－净残值）×折旧率 　　　已计提减值准备的固定资产，应当按照该项资产的账面价值及尚可使用寿命重新计算确定折旧率和折旧额。 【注意】年数总和＝N×(N＋1)/2

【注意】固定资产账面余额＝固定资产的账面原价

固定资产账面净值＝固定资产原值－累计折旧

固定资产账面价值＝固定资产原值－累计折旧－固定资产减值准备

【例6·单选】甲公司2016年12月31日购入一台需要安装的机器设备，取得增值税专用发票上注明的价款为500万元，增值税税额为85万元，该设备当日开始安装。至2017年1月20日，该设备安装完成，共发生安装费用60万元，设备达到预定可使用状态。该设备采用年限平均法计提折旧，预计使用年限为10年，预计净残值率为10%。则甲公司2017年针对该项固定资产应该计提的折旧额为（　　）万元。

A. 50.4　　　　B. 46.2　　　　C. 56　　　　D. 45

【答案】B

【解析】2017年1月份该固定资产达到预定可使用状态，从2017年2月份开始计提折旧。2017年应该计提的折旧额＝(500＋60)×(1－10%)÷10×11/12＝46.2（万元）。

【例7·单选】甲公司为增值税一般纳税人。2016年12月31日购入不需要安装的生产设备一台，当日投入使用。该设备价款为300万元，增值税税额为51万元，预计使用寿命为5年，预计净残值为零，采用年数总和法计提折旧。该设备2017年应计提的折旧额为（　　）万元。

A. 117　　　　B. 100　　　　C. 60　　　　D. 70.2

【答案】B

【解析】2017年应该计提的折旧额＝300×5/（1＋2＋3＋4＋5）＝100（万元）。

【例8·单选】2012年12月31日，甲公司购入一台设备并投入使用，其成本为25万元，预计使用年限5年，预计净残值1万元，采用双倍余额递减法计提折旧。假定不考虑其他因素，2013年度该设备应计提的折旧额为（　　）万元。（2013年）

A. 10　　　　B. 8　　　　C. 9.6　　　　D. 4.8

【答案】A

【解析】2013年度该设备应计提的折旧额＝25×2/5＝10（万元）。

★考点5．折旧的账务处理：（原则：谁受益谁承担）

借：制造费用（车间折旧）
　　管理费用（管理部门、未使用的固定资产折旧）
　　销售费用（销售部门折旧）
　　其他业务成本（出租资产折旧）
　　研发支出（研发无形资产时使用固定资产计提折旧）
　　在建工程（在建工程中使用固定资产计提折旧）
　贷：累计折旧

【例9·多选】关于工业企业固定资产折旧会计处理表述正确的是（　　）。（2017年、2016年）

A．基本生产车间使用的固定资产，其计提的折旧应计入制造费用
B．经营租出的固定资产，其计提的折旧应计入其他业务成本
C．建造厂房时使用的自有固定资产，其计提的折旧应计入在建工程成本
D．行政管理部门使用的固定资产，其计提的折旧应计入管理费用

【答案】ABCD

【解析】四个选项均正确。

四、固定资产后续支出的账务处理

★★★考点1．固定资产后续支出的账务处理：

情形		账务处理	
		动产（如生产线、机器设备等）	不动产（如厂房、仓库等）
（1）更新改造支出（可资本化的部分）	①转入改扩建时	借：在建工程 　　累计折旧 　　固定资产减值准备 　贷：固定资产	
	②发生改扩建支出	同自营工程	同自营工程
	③完工并达到预定可使用状态时	借：固定资产 　贷：在建工程 【注意】转入后，按重新确定的使用寿命、预计净残值和折旧方法计提折旧。	
（2）日常维修支出		借：管理费用（生产车间、行政管理部门、财务部门） 　　销售费用（销售部门） 　　应交税费——应交增值税（进项税额） 　贷：银行存款等	

【注意】生产车间的修理费计入管理费用。

【例10】A公司为增值税一般纳税人，2016年6月1日，对生产车间使用的设备进行

日常修理，发生维修费并取得增值税专用发票，注明修理费20 000元，税率17%，增值税税额3 400元。A公司应编制如下会计分录：

借：管理费用　　　　　　　　　　　　　　　　　　　20 000
　　应交税费——应交增值税（进项税额）　　　　　　　3 400
　　贷：银行存款　　　　　　　　　　　　　　　　　　　　　23 400

【例11·单选】某企业对生产设备进行改良，发生资本化支出共计45万元，被替换旧部件的账面价值为10万元，该设备原价为500万元，已计提折旧300万元，不考虑其他因素。该设备改良后的入账价值为（　　）万元。(2017年)

A．245　　　　　B．235　　　　　C．200　　　　　D．190

【答案】B

【解析】设备改良后的入账价值＝500－300＋45－10＝235（万元）。

【例12·单选】某企业对一条生产线进行改扩建，该生产线原价1 800万元，已计提折旧500万元，扩建生产线发生相关支出600万元，满足固定资产确认条件，则改扩建后生产线的入账价值为（　　）万元。(2016年)

A．1 800　　　　B．1 900　　　　C．2 400　　　　D．1 300

【答案】B

【解析】改扩建后固定资产的入账价值＝1 800－500＋600＝1 900（万元）。

五、处置固定资产

考点1．固定资产处置：包括固定资产的<u>出售</u>、<u>报废</u>、<u>毁损</u>、<u>对外投资</u>、<u>债务重组</u>等。

★★★**考点2．账务处理**：处置固定资产应通过"固定资产清理"科目核算。

情形	会计分录
（1）固定资产账面价值转入清理时	借：固定资产清理 　　累计折旧 　　固定资产减值准备 　　贷：固定资产
（2）发生清理费用时	借：固定资产清理 　　应交税费——应交增值税（进项税额） 　　贷：银行存款等
（3）收回出售固定资产的价款、残料价值和变价收入等	借：原材料 　　银行存款等 　　贷：固定资产清理 　　　　应交税费——应交增值税（销项税额）
（4）应收取保险赔偿的处理	借：其他应收款等 　　贷：固定资产清理
（5）将清理转入净损益	借：固定资产清理 　　贷：营业外收入（净收益） 借：营业外支出（净损失） 　　贷：固定资产清理

【例13·单选】下列关于固定资产的表述中,正确的是(   )。(2016年)
A.经营出租的生产设备计提的折旧计入其他业务成本
B.设备报废清理费计入管理费用
C.生产线的日常修理费计入在建工程
D.当月新增固定资产,当月开始计提折旧
【答案】A
【解析】选项B,应计入固定资产清理,最终转入营业外收支;选项C,应计入管理费用;选项D,从下月开始计提折旧。

六、固定资产清查
★★考点1.清查的账务处理:

情形		会计分录
(1) 盘盈	①发生时	借:固定资产(重置成本) 　　贷:以前年度损益调整
	②转销时	借:以前年度损益调整 　　贷:盈余公积——法定盈余公积 　　　　利润分配——未分配利润
(2) 盘亏	①发生时	借:待处理财产损溢 　　累计折旧 　　固定资产减值准备 　　贷:固定资产
	②转出不可抵扣进项税时(新增)	借:待处理财产损溢 　　贷:应交税费——应交增值税(进项税转出)
	③转销时	借:其他应收款(应收保险赔款或过失人赔款) 　　营业外支出(差额) 　　贷:待处理财产损溢

【注意】定期进行清查,如果发现盘盈、盘亏的固定资产,应填制盘盈盘亏报告表。

七、固定资产减值
考点1.账务处理:
借:资产减值损失——计提的固定资产减值准备
　　贷:固定资产减值准备
【注意】固定资产减值损失一经确认,在以后会计期间不得转回。

【总结】财产清查——库存现金 VS 存货 VS 固定资产。

项目	盘盈	盘亏
（1）库存现金	借：库存现金 　　贷：待处理财产损溢 借：待处理财产损溢 　　贷：其他应付款（应支付给有关人员或单位） 　　　营业外收入（无法查明原因）	借：待处理财产损溢 　　贷：库存现金 借：其他应收款（责任人或保险公司应赔偿的部分） 　　管理费用（无法查明原因） 　　贷：待处理财产损溢
（2）存货	借：原材料（库存商品等） 　　贷：待处理财产损溢 借：待处理财产损溢 　　贷：管理费用	借：待处理财产损溢 　　贷：原材料（或库存商品等） 　　　应交税费——应交增值税（进项税额转出）（非自然灾害非正常损失） 借：银行存款（残料收入） 　　原材料（残料入库） 　　其他应收款 　　管理费用（经营损失或收发计量） 　　营业外支出（非正常损失部分） 　　贷：待处理财产损溢
（3）固定资产	借：固定资产（重置成本） 　　贷：以前年度损益调整 借：以前年度损益调整 　　贷：盈余公积——法定盈余公积 　　　利润分配——未分配利润	借：待处理财产损溢 　　累计折旧 　　固定资产减值准备 　　贷：固定资产 借：待处理财产损溢 　　贷：应交税费——应交增值税（进项税转出） 借：其他应收款 　　营业外支出（差额） 　　贷：待处理财产损溢

【注意】财产清查中，只要有人赔偿，均计入其他应收款科目。

第六节　无形资产和长期待摊费用

一、无形资产

考点1．概念：是指没有实物形态的可辨认非货币性资产。

包括：专利权、非专利技术、商标权、著作权、土地使用权、特许权等。

【注意】商誉的存在无法与企业自身分离，不具有可辨认性，不属于无形资产。

★★★**考点2．无形资产账务处理**：

（1）购入的无形资产：

借：无形资产（买价＋相关税费＋手续费等）
　　应交税费——应交增值税（进项税额）
　　贷：银行存款

（2）自行研发的无形资产：

情形		相关的账务处理
能够区分研究阶段和开发阶段	研究阶段	研究阶段的**全部费用化**，计入当期损益（管理费用） a. 支出发生时： 借：研发支出——费用化支出 　　贷：银行存款 　　　　应付职工薪酬等 b. 期末： 借：管理费用 　　贷：研发支出——费用化支出
	开发阶段	不满足资本化条件的支出： a. 支出发生时： 借：研发支出——费用化支出 　　贷：银行存款 　　　　应付职工薪酬等 b. 期末： 借：管理费用 　　贷：研发支出——费用化支出 满足资本化条件的支出： a. 支出发生时： 借：研发支出——资本化支出 　　应交税费——应交增值税（进项税额） 　　贷：银行存款 　　　　应付职工薪酬等 b. 达到预定用途形成无形资产： 借：无形资产 　　贷：研发支出——资本化支出

【注意1】无法可靠区分研究阶段和开发阶段的，**全部费用化**，期末转入管理费用。

【注意2】无论资本化支出，还是费用化支出，都要先通过研发支出科目归集。

【小剧场】研发支出就好比如需要考证的自己，如果我们付出了时间和精力，考试没有通过，拿不到证书，那就是费用化，只能计入到人生的损失；如果我们努力了，考试通过并拿到证书，那我们的付出就可以资本化，相当于拥有了自己的资产。

【例1·多选】某企业为改进技术自行研究开发一项无形资产。研究阶段发生支出50万元，开发阶段发生符合资本化条件的支出120万元，不符合资本化条件的支出80万元，研发结束形成无形资产。不考虑其他因素，下列各项中，会计处理结果正确的有（　　）。（2016年）

A. 计入管理费用的金额为130万元
B. 计入制造费用的金额为80万元
C. 无形资产的入账价值为120万元
D. 无形资产的入账价值为170万元

【答案】AC

【解析】研究阶段发生的支出50万元及开发阶段不符合资本化条件的支出80万元应计入"管理费用"科目核算，选项A正确，选项B错误；开发阶段符合资本化条件的支出120万元应计入无形资产成本，选项C正确，选项D错误。

★★★ **考点3．无形资产的摊销：**

项目	具体内容
（1）空间范围	①使用寿命不确定的不摊销（但应当考虑计提减值准备） ②使用寿命有限的摊销
（2）时间范围	当月增，当月摊，当月减，当月不摊
（3）账务处理	借：制造费用（用于车间生产的无形资产） 　　管理费用（管理用无形资产） 　　其他业务成本（出租的无形资产） 　贷：累计摊销 【注意】考试时，如果没有特别说明，记入"管理费用"科目。

【注意】使用寿命有限的无形资产，通常其残值视为零。

【例2·单选】下列各项中，关于无形资产摊销的会计处理表述正确的是（　　）。（2017年）

A．用于生产产品的无形资产的摊销额应计入其他业务成本
B．无形资产摊销额应全部计入管理费用
C．使用寿命不确定的无形资产不应摊销
D．使用寿命有限的无形资产自可供使用下月开始摊销
【答案】C

★ **考点4．无形资产减值的账务处理**：减值损失一经确认，在以后会计期间不得转回。

借：资产减值损失——计提无形资产减值准备
　贷：无形资产减值准备

【总结】资产减值。

资产	减值科目	是否可以转回
应收款项	坏账准备	可以
存货	存货跌价准备	可以
固定资产	固定资产减值准备	不可以
无形资产	无形资产减值准备	不可以
交易性金融资产	期末账面价值随公允价值的变动而调整，不单独考虑计提减值准备	

★★考点5. 处置无形资产的账务处理：
借：银行存款等
　　无形资产减值准备
　　累计摊销
　　营业外支出——非流动资产处置损失（借差）
　贷：无形资产
　　　应交税费——应交增值税（销项税额）
　　　营业外收入——非流动资产处置利得（贷差）

【注意】处置固定资产和无形资产与企业日常经营没有直接关系，所以处置的净损益不能计入收入或费用。

【例3·单选】下列各项中，关于无形资产会计处理表述正确的是（　　）。（2016年）
A. 已确认的无形资产减值损失在以后会计期间可以转回
B. 使用寿命不确定的无形资产按月进行摊销
C. 处置无形资产的净损益计入营业利润
D. 出租无形资产的摊销额计入其他业务成本
【答案】D
【解析】无形资产减值损失一经确认，在以后会计期间不得转回，选项A错误；使用寿命不确定的无形资产不应摊销，选项B错误；处置无形资产的净损益计入营业外收支，不影响营业利润，选项C错误；出租无形资产的摊销额计入其他业务成本，选项D正确。

二、长期待摊费用

★考点1. 概念：是指已发生应由本期和以后各期负担的，分摊期限一年以上的费用，如以经营租赁方式租入的固定资产发生的改良支出等。

【例4·单选】下列各项中，应计入长期待摊费用的是（　　）。（2016年）
A. 生产车间固定资产日常修理
B. 融资租赁方式租入固定资产改良支出
C. 经营租赁方式租入固定资产改良支出
D. 生产车间固定资产更新改造支出
【答案】C
【解析】生产车间固定资产日常修理费用计入管理费用；车间固定资产、融资租赁方式租入固定资产的更新改造支出计入固定资产成本。

考点2. 长期待摊费用的账务处理：

情形	会计分录
（1）发生时	借：长期待摊费用 　　贷：原材料 　　　　银行存款等
（2）摊销时	借：管理费用 　　销售费用 　　贷：长期待摊费用

【注意】资产负债表中的"长期待摊费用"项目，根据"长期待摊费用"科目的期末余额减去将于一年内（含一年）摊销数额后的净额分析填列。

【例5·不定项】2016年，甲公司发生有关经济业务如下：

（1）1月10日，接收乙公司作为资本投入的M非专利技术，投资合同约定价值为300万元（与公允价值一致），该出资在甲公司注册资本中享有份额的金额为250万元。不考虑相关税费。合同规定M非专利技术的受益年限为10年。该非专利技术用于行政管理，采用直线法进行摊销。

（2）1月15日，开始自行研发一项N专利技术，1月至4月发生不符合资本化条件的研究支出320万元，5月至10月共发生开发支出800万元，其中符合资本化条件的支出为600万元。10月31日，N专利技术达到预定用途，并直接用于产品的生产，其有效期为10年，采用直线法进行摊销。

（3）11月5日，为宣传应用N专利技术生产的新产品，以银行存款支付广告宣传费10万元（不考虑增值税）。

（4）12月26日，为使用公司经营战略调整，将M非专利技术出售，取得价款260万元。不考虑相关税费。该非专利技术已计提摊销额27.5万元。未计提资产减值准备。

要求：根据上述资料，不考虑其他因素，分析回答下列小题。（金额单位用万元表示）（2017年）

1.根据资料（1），下列关于接受M非专利技术作为资本投入的会计处理表述正确的是（　　）。

A. 确认盈余公积50万元　　　　　　B. 确认资本公积50万元
C. 确认实收资本250万元　　　　　　D. 确认无形资产300万元

【答案】BCD
【解析】接受投资时：
借：无形资产　　　　　　　　　　　　3 000 000
　　贷：实收资本　　　　　　　　　　　　　　2 500 000
　　　　资本公积——资本溢价　　　　　　　　　500 000

2.根据资料（2），下列各项中，甲公司N专利技术会计处理正确的是（　　）。

[71]

A. 无形资产按月摊销时：
　　借：制造费用　　　　　　　　　　　　　　　　50 000
　　　　贷：累计摊销　　　　　　　　　　　　　　　　　50 000
B. 无形资产按月摊销时：
　　借：管理费用　　　　　　　　　　　　　　　　50 000
　　　　贷：累计摊销　　　　　　　　　　　　　　　　　50 000
C. 10月31日，研发活动结束确认无形资产时：
　　借：无形资产　　　　　　　　　　　　　　　6 000 000
　　　　贷：研发支出——资本化支出　　　　　　　　6 000 000
D. 10月31日，研发活动结束确认无形资产时：
　　借：无形资产　　　　　　　　　　　　　　　8 000 000
　　　　贷：研发支出——资本化支出　　　　　　　　8 000 000

【答案】AC
【解析】1—4月发生不符合资本化条件的支出时：
　　借：研发支出——费用化支出　　　　　　　3 200 000
　　　　贷：银行存款　　　　　　　　　　　　　　3 200 000
5—10月发生开发支出时：
　　借：研发支出——费用化支出　　　　　　　2 000 000
　　　　　　　　——资本化支出　　　　　　　6 000 000
　　　　贷：银行存款　　　　　　　　　　　　　　8 000 000
10月31日，无形资产达到预定用途：
　　借：管理费用　　　　　　　　　　　　　　　5 200 000
　　　　无形资产　　　　　　　　　　　　　　　6 000 000
　　　　贷：研发支出——费用化支出　　　　　　　5 200 000
　　　　　　　　　　——资本化支出　　　　　　　6 000 000
无形资产从10月份达到预定用途，从10月计提摊销，每月摊销额=600/(10×12)=5（万元）：
　　借：制造费用　　　　　　　　　　　　　　　　50 000
　　　　贷：累计摊销　　　　　　　　　　　　　　　　　50 000

3. 根据资料（3），下列各项中，支付广告宣传费对甲公司财务状况和经营成果的影响是（　　）。
　　A. 营业利润减少10万元
　　B. 销售费用增加10万元
　　C. 管理费用增加10万元
　　D. 无形资产增加10万元

【答案】AB
【解析】广告宣传费计入销售费用，增加销售费用，减少营业利润10万元。

支付广告宣传费用时：

借：销售费用　　　　　　　　　　　　　　　100 000
　　贷：银行存款　　　　　　　　　　　　　　　　　　100 000

4. 根据资料（1）和（4），甲公司出售M非专利技术对当期损益影响表述正确的是（　　）。

A. 利润总额减少12.5万元　　　　　　B. 营业利润减少12.5万元
C. 营业外支出增加12.5万元　　　　　D. 其他业务成本增加12.5万元

【答案】AC

【解析】甲公司出售M非专利技术的账务处理为：

借：银行存款　　　　　　　　　　　　　　　2 600 000
　　累计摊销　　　　　　　　　　　　　　　　275 000
　　营业外支出　　　　　　　　　　　　　　　125 000
　　贷：无形资产　　　　　　　　　　　　　　　　　3 000 000

处置M非专利技术，增加营业外支出12.5万元，会使利润总额减少12.5万元。

5. 根据资料（1）至（4），上述业务对该公司2016年度管理费用的影响金额是（　　）万元。

A. 547.5　　　　B. 42.5　　　　C. 542.5　　　　D. 27.5

【答案】A

【解析】上述业务对该公司2016年度管理费用的影响金额=27.5（资料4）+520（资料2）=547.5（万元）。

阶段2测评

第三阶段学习方案

学习方案一

承第二阶段学习方案一					
阶段一模块	学习、复习内容	检测	完成日期	定制调整内容
3-35	学习第三章第一节	—		
3-36	学习第三章第二节	—		
3-37	学习第三章第二节	—		
3-38	学习第三章第二节	—		
3-39	学习第三章第三节	—		
3-40	学习第三章第三节 复习第三章前三节	3-1		
3-41	学习第三章第四节	—		
3-42	学习第三章第四节	—		
3-43	学习第三章第四节	—		
3-44	学习第三章第四节	—		
3-45	学习第四章第一节	—		
3-46	学习第四章第一、第二节	—		
3-47	学习第四章第三节 复习第三、四章	3-2		
3-48	学习第五章第一节	—		
3-49	学习第五章第一节	—		
3-50	学习第五章第一节	—		
3-51	学习第五章第一节	—		
3-52	学习第五章第一节 复习第三、第四章，第五章第一节	3-3		
3-53	学习第五章第二节	—		
3-54	学习第五章第三节	—		
3-55	学习第五章第三节	—		
3-56	学习第五章第三节	—		
3-57	学习第六章第一节	—		
3-58	学习第六章第二、第三、第四节 复习第一～第六章	阶段3测评		

学习方案二

	承第二阶段学习方案二			
阶段—模块	学习、复习内容	检测	完成日期	定制调整内容
3-24	学习第三章第一、第二节	—		
3-25	学习第三章第二节	—		
3-26	学习第三章第三节	—		
3-27	学习第三章第三节 复习第三章前三节	3-1		
3-28	学习第三章第四节	—		
3-29	学习第三章第四节	—		
3-30	学习第三章第四节	—		
3-31	学习第四章第一节	—		
3-32	学习第四章第二、第三节 复习第三、第四章	3-2		
3-33	学习第五章第一节	—		
3-34	学习第五章第一节	—		
3-35	学习第五章第一节 复习第三、第四章，第五章第一节	3-3		
3-36	学习第五章第二节	—		
3-37	学习第五章第三节	—		
3-38	学习第五章第三节	—		
3-39	学习第六章第一节	—		
3-40	学习第六章第二、第三、第四节 复习第一～第六章	阶段3测评		

学习方案三

	承第二阶段学习方案三			
阶段—模块	学习、复习内容	检测	完成日期	定制调整内容
3-11	学习第三章第一、第二节	—		
3-12	学习第三章第三节 复习第三章前三节	3-1		
3-13	学习第三章第四节	—		
3-14	学习第三章第四节	—		
3-15	学习第四章 复习第三、第四章	3-2		
3-16	学习第五章第一节	—		
3-17	学习第五章第一节 复习第三、第四章，第五章第一节	3-3		
3-18	学习第五章第二节	—		
3-19	学习第五章第三节	—		
3-20	学习第六章第一节	—		
3-21	学习第六章第二、第三、第四节 复习第一～第六章	阶段3测评		

第三阶段通关宝典

第三章 负债

本章考情分析

本章内容非常重要，在近3年的考试中平均分值10分左右，要重点关注借款、应交税费、应付职工薪酬等主要内容，要注意与资产、收入、费用、利润等知识的结合使用。

年份 题型	2013年 数量	2013年 分值	2014年 数量	2014年 分值	2015年 数量	2015年 分值	2016年 数量	2016年 分值	2017年 数量	2017年 分值
单选题	1	1.5	2	3	—	—	3	4.5	4	6
多选题	1	2	2	4	1	2	1	2	2	4
判断题	1	1	1	1	1	1	—	—	2	2
不定项选择题	5	10	1	2	4	8	2	2	2	6
合计	8	14.5	6	10	5	10	6	8.5	10	18

本章通关宝典

考点1．负债的概念：是指<u>过去</u>的交易、事项形成的、预期会导致<u>经济利益流出</u>的<u>现时</u>义务。

考点2．负债的分类：

流动负债	非流动负债
短期借款、应付票据、应付账款	长期借款
应付利息、预收账款、应付职工薪酬	应付债券
应交税费、应付股利、其他应付款	长期应付款

第一节 短期借款

考点1．短期借款的概念：是指向银行或其他金融机构借入各种借款，<u>期限为1年以下（含1年）</u>。

★★**考点2. 账务处理**：短期借款利息属于筹资费用，计入当期**财务费用**。

情形		会计分录
（1）<u>取得</u>时		借：银行存款 　　贷：短期借款
（2）<u>利息</u>处理	①<u>按月计提，按季付息</u>	a.<u>第一、第二个月</u>计提时： 借：财务费用 　　贷：应付利息 b.<u>第三个月</u>实际支付利息时： 借：<u>财务费用</u>（1个月金额） 　　<u>应付利息</u>（2个月金额） 　　贷：银行存款（或库存现金）
	②<u>还本付息</u>	借：短期借款 　　财务费用 　　贷：银行存款

【总结】"按月计提，按季付息"第3个月分录金额的确定：<u>两付一费用</u>。

【例1·单选】2017年1月1日，某企业向银行借入资金600 000元，期限为6个月，年利率为5%，借款利息分月计提，季末交付，本金到期一次归还，下列各项中，2017年6月30日，该企业交付借款利息的会计处理正确的是（　　）。（2017年）

A. 借：财务费用　　　　　　　　　　5 000
　　　应付利息　　　　　　　　　　2 500
　　　贷：银行存款　　　　　　　　　　　　7 500

B. 借：财务费用　　　　　　　　　　7 500
　　　贷：银行存款　　　　　　　　　　　　7 500

C. 借：应付利息　　　　　　　　　　5 000
　　　贷：银行存款　　　　　　　　　　　　5 000

D. 借：财务费用　　　　　　　　　　2 500
　　　应付利息　　　　　　　　　　5 000
　　　贷：银行存款　　　　　　　　　　　　7 500

【答案】D

【解析】借款利息分月计提，按季支付。2017年6月30日支付利息时：
借：应付利息　　　　　5 000（600 000×5%/12×2）
　　财务费用　　　　　2 500（600 000×5%/12）
　　贷：银行存款　　　　　　　　7 500

第二节 应付及预收款项

一、应付票据

考点1. 概念：是指购买材料、商品、接受劳务等开出的商业承兑汇票和银行承兑汇票。

★★★**考点2. 应付票据的账务处理**：

情形	会计分录
（1）开出时	借：材料采购/原材料/库存商品 　　应交税费——应交增值税（进项税额） 　贷：应付票据
（2）支付承兑手续费或贴现息时	借：财务费用 　　应交税费——应交增值税（进项税额） 　贷：银行存款
（3）偿还时	借：应付票据 　贷：银行存款
（4）应付商业承兑汇票到期，但企业无力支付票款时	借：应付票据 　贷：应付账款
（5）应付银行承兑汇票到期，企业无力支付由银行代付视为贷款	借：应付票据 　贷：短期借款

【总结】（4）、（5）银行承兑欠银行，商业承兑欠对方。

【例1·单选】企业取得的应收票据贴现息，应计入（　　）。（2017年）
A. 银行存款　　　　　　　　B. 管理费用
C. 财务费用　　　　　　　　D. 应付票据
【答案】C
【解析】贴现息应计入"财务费用"，故选项C正确。

【例2·单选】企业开具银行承兑汇票到期而无力支付票款，应按该票据的账面余额贷记的会计科目是（　　）。（2017年）
A. 应付账款　　　　　　　　B. 其他货币资金
C. 短期借款　　　　　　　　D. 其他应付款
【答案】C
【解析】企业开具银行承兑汇票到期而无力支付票款时贷记短期借款。

二、应付账款

考点1. 概念：是指因购买材料、商品或接受劳务等经营活动应付给供应单位的款项。

【注意】应付账款的借方余额代表"预付账款"。

★★**考点2. 账务处理**：

情形	会计分录
（1）货到，款未付	借：材料采购/在途物资/原材料/库存商品等 　　应交税费——应交增值税（进项税额） 　贷：应付账款
（2）现金折扣	借：应付账款 　贷：银行存款（实际偿付的金额） 　　　财务费用（享有的现金折扣）
（3）①偿还应付账款 ②开出商业汇票抵付应付账款时	借：应付账款 　贷：银行存款 　　　应付票据（开出商业汇票抵付）
（4）外购电力、燃气	①在每月付款时先作暂付款处理： 借：应付账款 　　应交税费——应交增值税（进项税额） 　贷：银行存款 ②月末按照外购动力的用途分配： 借：生产成本 　　制造费用 　　管理费用等 　贷：应付账款
（5）确实无法偿付	借：应付账款 　贷：营业外收入

【例4·判断】企业经批准转销无法支付的应付账款，应按其账面余额计入"其他综合收益"科目。（　　）（2017年）

【答案】×

【解析】应计入营业外收入。

【例5·判断】应付账款附有现金折扣条款的，应按照扣除现金折扣前的应付账款总额入账。（　　）（2014年）

【答案】√

【解析】现金折扣并不会影响应付账款的入账价值。

三、预收账款

考点1. 概念：是指企业按照合同规定向购货单位预收的款项。

★ 考点2. 账务处理：

情形	会计分录
（1）预收货款时	借：银行存款 　　贷：预收账款
（2）实现收入时	借：预收账款 　　贷：主营业务收入 　　　　应交税费——应交增值税（销项税额）
（3）收到补付货款时	借：银行存款 　　贷：预收账款
（4）退回多付款时	借：预收账款 　　贷：银行存款

【注意】预收账款不多的企业，可以不设"预收账款"科目，用"应收账款"科目核算。

【总结】收对收，付对付，不设的科目为资产则借记，为负债则贷记。

【例6·单选】如果企业不设置"预收账款"科目，应将预收的货款记入（　　）。
A. 应收账款的借方　　　　　　　B. 应收账款的贷方
C. 应付账款的借方　　　　　　　D. 应付账款的贷方
【答案】B
【解析】不单独设置"预收账款"科目，应将预收的款项直接记入"应收账款"科目贷方。

四、应付利息和应付股利

考点1. 应付利息：短期借款、分期付息到期还本的长期借款、企业债券等要支付的利息。

考点2. 应付利息的账务处理：

情形	会计分录
（1）计提时	借：在建工程 　　　财务费用 　　　研发支出 　　贷：应付利息
（2）实际支付时	借：应付利息 　　贷：银行存款

考点3. 应付股利的概念：是指根据利润分配方案确定分配给投资者的现金股利或利润。

考点4．应付股利的账务处理：

情形	会计分录
（1）确认或宣告发放时	借：利润分配——应付股利或利润 　　贷：应付股利
（2）实际支付时	借：应付股利 　　贷：银行存款

【例7】B有限责任公司有甲、乙两个股东，分别占注册资本的30%和70%。2016年度该公司实现净利润600 000元，经过股东会批准，决定2017年分配股利400 000元，股利已用银行存款支付。B有限责任公司应编制如下会计分录：
（1）确认应付投资者利润：
借：利润分配——应付股利或利润　　　　　　　400 000
　　贷：应付股利——甲股东　　　　　　　　　120 000
　　　　　　　——乙股东　　　　　　　　　　280 000
（2）支付投资者利润：
借：应付股利——甲股东　　　　　　　　　　　120 000
　　　　　　——乙股东　　　　　　　　　　　280 000
　　贷：银行存款　　　　　　　　　　　　　　400 000

五、其他应付款
考点1．概念：是指<u>应付经营租赁</u>固定资产租金、<u>租入包装物租金</u>、<u>存入保证金</u>等。
【对比】应支付的包装物租金VS收取的包装物租金（其他应付款VS其他业务收入）
　　　　应支付的包装物押金VS支付的包装物押金（其他应付款VS其他应收款）

考点2．账务处理：

情形	会计分录
（1）计提时	借：管理费用等 　　贷：其他应付款
（2）实际支付时	借：其他应付款 　　　管理费用等 　　　应交税费——应交增值税（进项税额） 　　贷：银行存款

【例8】乙公司从2017年1月1日起，以经营租赁方式租入管理用办公设备一批，每月租金80 000元，按季支付。3月31日，乙公司以银行存款支付应付租金240 000元，增值税进项税额为40 800元。乙公司应编制如下会计分录：
（1）1月31日计提应付经营租入固定资产租金：

借：管理费用　　　　　　　　　　　　　　　80 000
　　贷：其他应付款　　　　　　　　　　　　　　　　80 000
2月底计提应付经营租入固定资产租金的会计处理同上。
（2）3月31日支付租金和税金：
借：其他应付款　　　　　　　　　　　　　　160 000
　　管理费用　　　　　　　　　　　　　　　　80 000
　　应交税费——应交增值税（进项税额）　　40 800
　　贷：银行存款　　　　　　　　　　　　　　　　280 800

第三节　应付职工薪酬

★**考点1. 职工薪酬的概念**：指企业获得职工服务或解除劳动关系而给予的报酬或补偿。

内容	具体内容
（1）短期薪酬	①职工工资、奖金、津贴和补贴 ②职工福利费 ③医疗保险费、工伤保险费和生育保险费等社会保险费 （不包括：养老保险、失业保险） ④住房公积金 ⑤工会经费和职工教育经费 ⑥短期带薪缺勤 ⑦短期利润分享计划 ⑧其他短期薪酬
（2）离职后福利	①设定提存计划 　　向独立的基金缴存固定费用后，企业不再承担进一步支付义务的离职后福利计划。如养老保险、失业保险 ②设定受益计划 　　除设定提存计划以外的离职后福利计划
（3）辞退福利	企业在职工劳动合同到期之前解除劳动关系，或为鼓励职工自愿接受裁减而给予职工的补偿
（4）其他长期职工福利	长期带薪缺勤、长期残疾福利、长期利润分享计划等

【例1·多选】下列各项中，应通过"应付职工薪酬"科目核算的有（　　）。（2016年）
A. 提取的工会经费
B. 计提的职工医疗保险费
C. 职工出差报销的差旅费
D. 确认的职工短期带薪缺勤
【答案】ABD
【解析】职工出差报销的差旅费不通过"应付职工薪酬"核算。

★★★**考点2. 短期薪酬的账务处理：**

情形		会计分录
（1）货币性	① 工资 奖金 津贴/补贴 福利费	a. 计提时： 借：管理费用（行政管理人员的薪酬） 　　生产成本（生产工人的薪酬） 　　制造费用（车间管理人员的薪酬） 　　销售费用（销售人员的薪酬） 　　在建工程（工程人员的薪酬） 　贷：应付职工薪酬——工资、奖金、津贴和补贴 　　　　　　　　　——职工福利费 　　　　　　　　　——社会保险费——基本医疗保险等 　　　　　　　　　——住房公积金 　　　　　　　　　——工会经费和职工教育经费等 b. 支付时： 借：应付职工薪酬——工资、奖金、津贴和补贴等 　贷：银行存款 　　　其他应收款（企业为员工垫付的各种款项） 　　　应交税费——应交个人所得税（代扣个人所得税）
	② 短期带薪缺勤	a. 累积带薪缺勤： 借：管理费用等（根据受益对象） 　贷：应付职工薪酬——带薪缺勤——短期带薪缺勤——累积带薪缺勤 b. 非累积带薪缺勤：休婚假、产假、丧假、探亲假、病假期间的工资 【注意】非累积带薪缺勤不必额外作相应的账务处理。
（2）非货币性	① 发放自产产品	a. 确认时： 借：管理费用/生产成本/制造费用等 　贷：应付职工薪酬——非货币性福利（公允价值+销项税额） b. 实际发放时： 借：应付职工薪酬——非货币性福利 　贷：主营业务收入 　　　应交税费——应交增值税（销项税额） 借：主营业务成本 　贷：库存商品
	② 房屋等资产职工无偿使用	借：管理费用 　　生产成本 　　制造费用等 　贷：应付职工薪酬——非货币性福利（折旧的金额） 同时： 借：应付职工薪酬——非货币性福利 　贷：累计折旧
	③ 企业租房等职工无偿使用	借：管理费用 　　生产成本 　　制造费用等 　贷：应付职工薪酬——非货币性福利 支付租金时： 借：应付职工薪酬——非货币性福利 　贷：银行存款

【例2·单选】下列各项中，企业不应确认为管理费用的是（   ）。（2017年）
A.计提的行政管理人员住房公积金
B.计提应付行政管理人员的福利费
C.代垫的行政管理人员医药费
D.计提的行政管理人员社会保险费
【答案】C
【解析】代垫行政管理人员的医药费，代垫时：
借：其他应收款
　　贷：银行存款等

【例3·判断】企业在职工提供了服务从而增加了其未来享有的带薪缺勤权利时，确认与非累计带薪缺勤相关的职工薪酬。（   ）（2017年）
【答案】×
【解析】企业应当在职工提供了服务从而增加了其未来享有的带薪缺勤权利时，确认与累积带薪缺勤相关的职工薪酬。

【例4·单选】下列各项中，关于企业以自产产品作为福利发放给职工的会计处理表述不正确的是（   ）。（2017年）
A.按产品的账面价值确认主营业务成本
B.按产品的公允价值确认主营业务收入
C.按产品的账面价值加上增值税销项税额确认应付职工薪酬
D.按产品的公允价值加上增值税销项税额确认应付职工薪酬
【答案】C
【解析】以自产产品作为福利发放，按产品公允价值加增值税销项税额确认应付职工薪酬。

【例5·单选】企业将自有房屋无偿提供给本企业行政管理人员使用，下列各项中，关于计提房屋折旧的会计处理表述正确的是（   ）。（2017年）
A.借记"其他业务成本"科目，贷记"累计折旧"科目
B.借记"其他应收款"科目，贷记"累计折旧"科目
C.借记"管理费用"科目，贷记"累计折旧"科目
D.借记"管理费用"科目，贷记"应付职工薪酬"科目，同时借记"应付职工薪酬"科目，贷记"累计折旧"科目
【答案】D
【解析】将自有房屋无偿提供给本企业行政管理人员使用：
借：管理费用
　　贷：应付职工薪酬
同时：

借：应付职工薪酬
　　贷：累计折旧

【例6·单选】2013年10月，甲公司将自产的300台空调作为福利发放给职工，每台成本为0.18万元，市场售价为0.2万元（不含增值税），该企业适用的增值税税率为17%，假定不考虑其他因素，该企业由此而贷记"应付职工薪酬"科目的发生额为（　　）万元。（2014年）

A. 70.2　　　　B. 54　　　　C. 63.18　　　　D. 60

【答案】A

【解析】应确认的应付职工薪酬=0.2×300+0.2×300×17%=70.2（万元）。

★考点3．设定提存计划的核算：

（1）企业为换取职工提供的服务而向单独主体缴存的提存金，应确认为应付职工薪酬负债，并计入当期损益或相关资产成本。

（2）账务处理：

借：生产成本等
　　贷：应付职工薪酬——设定提存计划

【例7·单选】某企业计提生产车间管理人员基本养老保险费120 000元。下列各项中，关于该事项的会计处理正确的是（　　）。（2017年）

A. 借：管理费用　　　　　　　　　　　　　　　　120 000
　　　贷：应付职工薪酬——设定提存计划——基本养老保险费　120 000

B. 借：制造费用　　　　　　　　　　　　　　　　120 000
　　　贷：应付职工薪酬——设定提存计划——基本养老保险费　120 000

C. 借：制造费用　　　　　　　　　　　　　　　　120 000
　　　贷：银行存款　　　　　　　　　　　　　　　　120 000

D. 借：制造费用　　　　　　　　　　　　　　　　120 000
　　　贷：其他应付款　　　　　　　　　　　　　　　120 000

【答案】B

【解析】计提生产车间管理人员的养老保险费计入制造费用。

【例8·判断】资产负债表日企业按工资总额的一定比例缴存基本养老保险属于设定提存计划，应确认为应付职工薪酬。（　　）（2017年、2016年）

【答案】√

检测 3-1

第四节 应交税费

一、应交税费

考点1．概述：增值税、消费税、城市维护建设税、教育费附加、资源税、企业所得税、土地增值税、房产税、车船税、土地使用税、矿产资源补偿费等。

【注意】印花税、耕地占用税不需要预计应交数，不在"应交税费"核算。

二、增值税

考点1．概念：指以商品（含应税劳务、应税行为）增值额作为计税依据的一种流转税。

【注意】增值税是在价格以外另外收取的，称为"价外税"，不影响企业当期损益。

考点2．纳税人的分类：一般纳税人、小规模纳税人。

★**考点3．计税方法**：

计税方法	计算公式
（1）一般计税方法	当期应纳税额＝当期销项税额－当期进项税额 销项税额＝销售额×增值税税率
（2）简易计税方法	应纳税额＝销售额（不含税）×征收率

【注意】一般纳税人销售服务、无形资产或者不动产，符合规定，可以采用简易计税方法。

考点4．一般纳税人增值税核算应设置的会计科目：

一级科目	二级科目	三级科目
应交税费	应交增值税	进项税额
		销项税额
		销项税额抵减
		已交税金
		转出未交增值税
		转出多交增值税
		减免税款
		出口退税
		进项税额转出
		出口抵减内销产品应纳税额
	未交增值税	—
	预交增值税	—
	待抵扣进项税额	—
	待认证进项税额	—
	待转销项税额	—
	增值税留抵税额	—
	简易计税	—
	转让金融商品应交增值税	—
	代扣代交增值税	—

★★★ **考点5．一般纳税人增值税的账务处理**：(2018年重大调整）

（1）<u>取得</u>资产、接受应税劳务或应税行为：

情形	会计分录	
①购进**货物**、接受**劳务或服务**、**无形资产**	借：材料采购、管理费用等（买价） 　　应交税费——应交增值税（进项税额） 贷：银行存款、应付账款、应付票据等 【注意】如原增值税专用发票未做认证，退回发票做相反分录。	
②购进农产品	借：材料采购、库存商品等（买价－买价×11%或13%） 　　应交税费——应交增值税（进项税额）（买价×11%或13%） 贷：银行存款、应付账款、应付票据等 【注意】用于生产17%的产品，按13%抵扣；用于生产11%的产品，按11%抵扣。	
③购进不动产或不动产在建工程	借：固定资产、在建工程（买价） 　　应交税费——应交增值税（进项税额）（税额×60%） 　　　　　　——待抵扣进项税额（倒挤）（税额×40%） 贷：银行存款、应付账款、应付票据等 允许抵扣时： 借：应交税费——应交增值税（进项税额） 贷：应交税费——待抵扣进项税额	
④进项税额转出	a.事后改变用途或发生非正常损失	借：待处理财产损溢 　　应付职工薪酬 贷：应交税费——应交增值税（进项税额转出） 　　原材料等
	b.购进货物等，用于简易计税项目免征增值税项目集体福利/个人消费	借：库存商品等 　　应交税费——待认证进项税额 贷：银行存款 税务机关认证不可抵扣时： 借：应交税费——应交增值税（进项税额） 贷：应交税费——待认证进项税额 同时： 借：库存商品等 贷：应交税费——应交增值税（进项税额转出） 实际发放时： 借：应付职工薪酬 贷：库存商品

【例1·单选】某企业为增值税一般纳税人，购入一台不需要安装的设备，增值税专用发票上注明的价款为50 000元，增值税税额为8 500元。另发生运输费1 000元，包装费500元（均不考虑增值税）。不考虑其他因素，该设备的入账价值为（　　）元。（2017年）

A. 50 000　　　　B. 60 000　　　　C. 58 500　　　　D. 51 500

【答案】D

【解析】该设备的入账价值＝50 000＋1 000＋500＝51 500（元）。

（2）**销售**货物、提供应税劳务、发生应税行为：

情形			会计分录
①企业**销售**货物、提供加工修理修配劳务、销售服务			借：应收账款等 　　贷：主营业务收入等 　　　　应交税费——应交增值税（销项税额）
②视同销售	a.自产委托加工	集体福利 或 个人消费	借：应付职工薪酬 　　贷：主营业务收入等 　　　　应交税费——应交增值税（销项税额） 同时： 借：主营业务成本等 　　贷：库存商品
		对外投资	借：长期股权投资等 　　贷：主营业务收入等 　　　　应交税费——应交增值税（销项税额） 同时： 借：主营业务成本等 　　贷：库存商品等
	b.自产委托加工外购	分配给股东 或 投资者	借：应付股利 　　贷：主营业务收入 　　　　应交税费——应交增值税（销项税额） 同时： 借：主营业务成本 　　贷：库存商品
		无偿赠送	借：营业外支出 　　贷：库存商品（成本价） 　　　　应交税费——应交增值税（销项税额）

【注意】会计上收入或利得确认时点先于增值税纳税义务发生时点的，两步走：

第一步，确认收入，增值税待转：

借：应收账款、应收票据、银行存款
　　贷：主营业务收入
　　　　其他业务收入
　　　　应交税费——待转销项税额

第二步，实际发生纳税义务时：

借：应交税费——待转销项税额
　　贷：应交税费——应交增值税（销项税额）

（3）**交纳**增值税：

情形	会计分录
①交纳当月应交的增值税	借：应交税费——应交增值税（已交税金） 　　贷：银行存款
②交纳以前期间未交的增值税	借：应交税费——未交增值税 　　贷：银行存款

（4）**月末**转出多交增值税和未交增值税：月度终了，企业应当将当月应交未交或多交的增值税自"应交增值税"明细科目转入"未交增值税"明细科目。

情形	会计分录
①对于当月应交未交的增值税	借：应交税费——应交增值税（转出未交增值税） 贷：应交税费——未交增值税
②对于当月多交的增值税	借：应交税费——未交增值税 贷：应交税费——应交增值税（转出多交增值税）

【总结】当月已交用已交，转出未交和多交，下月交时用未交。

★★考点6．小规模纳税人增值税的账务处理：

情形	会计分录	注意事项
（1）购进货物（服务）	借：原材料等 贷：银行存款等	【注意】小规模纳税人进项税额一律不予抵扣，直接计入有关货物或劳务的成本
（2）销售货物（服务）	借：银行存款等 贷：主营业务收入等 　　应交税费——应交增值税	【注意】一般来说，小规模纳税人采用销售额和应纳税额合并定价的方法并向客户结算款项，销售货物或提供应税劳务后，应进行价税分离，确定不含税的销售额： 不含税销售额＝含税销售额÷（1＋征收率） 应纳税额＝不含税销售额×征收率
（3）交纳增值税	借：应交税费——应交增值税 贷：银行存款	

【例2·单选】甲企业为增值税小规模纳税人，本月采购原材料2 060千克，每千克50元（含增值税），运输途中的合理损耗为60千克，入库前的挑选整理费用为500元，企业该批原材料的入账价值为（　　）元。（2017年）

　　A．100 500　　　B．103 500　　　C．103 000　　　D．106 500

【答案】B

【解析】运输途中的合理损耗计入采购原材料的成本，甲企业该批原材料的入账价值＝2 060×50＋500＝103 500（元）。

【例3·判断】增值税小规模纳税人购进货物支付的增值税直接计入有关货物的成本。（　　）（2012年）

【答案】√

【解析】本题表述正确。

★ **考点7．差额征税的账务处理：**(2018年新增)

情形	会计分录
（1）按规定相关**成本费用允许扣减销售额**的账务处理	借：主营业务成本等 　　应交税费——应交增值税（销项税额抵减） 　　贷：银行存款 借：银行存款 　　贷：主营业务收入 　　　　应交税费——应交增值税（销售税额）
（2）**转让金融商品**按规定以盈亏相抵后的余额作为销售额	产生转让收益： 借：投资收益 　　贷：应交税费——转让金融商品应交增值税 （转让损失做相反分录） 实际交纳时： 借：应交税费——转让金融商品应交增值税 　　贷：银行存款 年末，应交税费——转让金融商品应交增值税 如有借方余额： 借：投资收益 　　贷：应交税费——转让金融商品应交增值税

★★ **考点8．税控系统专用设备和技术维护费用抵减增值税的账务处理：**（2018年新增）

情形	会计分录
初次购买金额抵扣	初次购入税控设备： 借：固定资产（价税合计） 　　贷：银行存款 发生设备技术服务费： 借：管理费用 　　贷：银行存款 抵减增值税应纳税额： 借：应交税费——应交增值税（减免税款） 　　贷：管理费用

三、消费税

考点1．科目设置：应交税费——应交消费税。

★★★考点2．消费税的账务处理：

情形		会计分录
（1）销售应税消费品		借：税金及附加 　　贷：应交税费——应交消费税
（2）自产自用应税消费品	①用于在建工程等非生产机构	借：在建工程（成本） 　　贷：库存商品 　　　　应交税费——应交消费税
	②用于集体福利或个人消费的	借：应付职工薪酬（售价＋增值税销项税额） 　　税金及附加（消费税） 　　贷：主营业务收入 　　　　应交税费——应交增值税（销项税额） 　　　　　　　　——应交消费税 借：主营业务成本 　　贷：库存商品
（3）委托加工应税消费品	①收回后直接用于销售的，计入成本	借：委托加工物资等 　　贷：应付账款、银行存款等
	②收回后用于连续生产应税消费品的	借：应交税费——应交消费税 　　贷：应付账款、银行存款等
（4）进口应税消费品应交的消费税，计入该物资的成本		借：库存商品等 　　贷：银行存款

【例4·判断】委托加工应税消费品收回后直接用于出售的，委托方代扣代缴的消费税应记入"应交税费——应交消费税"科目。（　　）（2017年）

【答案】×

【解析】委托加工应税消费品收回后直接用于出售的，委托方代扣代缴的消费税应计入成本；收回后用于连续生产应税消费品的，记入"应交税费——应交消费税"科目。

四、资源税

考点1．概念：是指对在我国境内开采矿产品或生产盐的单位和个人征收的税。

考点2．账务处理：

借：税金及附加（对外销售应税产品交纳的资源税）
　　生产成本/制造费用等（自产自用应税产品交纳的资源税）
　　贷：应交税费——应交资源税

五、城市维护建设税

考点1．概念：是指以增值税、消费税为计税依据的一种税。

★ **考点2．账务处理**：
借：税金及附加
　　贷：应交税费——应交城市维护建设税
应纳税额＝（应交增值税＋应交消费税）×适用税率

【例5·单选】甲公司2016年6月发生的相关税费如下：增值税1 100 000元，城镇土地使用税200 000元，消费税500 000元，土地增值税350 000元，城市维护建设税税率为7%。该企业2016年6月应计入"应交税费——应交城市维护建设税"科目的金额为（　　）元。（2016年改编）

A．112 000　　　　B．150 500　　　　C．77 000　　　　D．35 000

【答案】A

【解析】城市维护建设税＝(1 100 000＋500 000)×7%＝112 000（元）。

六、教育费附加

考点1．概念：是指向企业征收的附加费用，按应交流转税的一定比例计算交纳。

考点2．账务处理：
借：税金及附加
　　贷：应交税费——应交教育费附加
应纳税额＝（应交增值税＋应交消费税）×适用征收率

七、土地增值税

考点1．概念：是指对转让国有土地使用权、地上的建筑物及其附着物并取得增值性收入的单位和个人所征收的一种税。

考点2．账务处理：

情形	会计分录
（1）转让的土地使用权连同地上建筑物及其附着物一并在"固定资产"科目核算的	借：固定资产清理 　　贷：应交税费——应交土地增值税
（2）土地使用权在"无形资产"核算的	借：银行存款 　　累计摊销 　　无形资产减值准备 　　营业外支出（亏损差额） 　　贷：无形资产 　　　　应交税费——应交土地增值税 　　　　营业外收入（利得差额）
（3）房地产开发企业销售房地产	借：税金及附加 　　贷：应交税费——应交土地增值税

八、房产税、城镇土地使用税、车船税和矿产资源补偿费

★★**考点1．账务处理**：计入"<u>税金及附加</u>"科目。

借：税金及附加
　　贷：应交税费——应交房产税
　　　　　　　——应交城镇土地使用税
　　　　　　　——应交车船税
　　　　　　　——应交矿产资源补偿费

九、个人所得税

★★**考点1．账务处理**：

情形	会计分录
（1）企业按规定计算的代扣代缴的职工个税	借：应付职工薪酬 　　贷：应交税费——应交个人所得税
（2）企业交纳个税	借：应交税费——应交个人所得税 　　贷：银行存款等

【注意】个税通常由单位代扣代缴。

【例6·判断】企业代扣代缴的个人所得税，不通过"应交税费"科目核算。（　　）
【答案】×
【解析】企业代扣代缴的个人所得税，通过"应交税费——应交个人所得税"进行核算。

第四章 所有者权益

本章考情分析

本章在近5年的考试中平均分值7分左右。主要讲述实收资本（股本）、资本公积、盈余公积和未分配利润等主要内容。学习本章时，除了把握单一的知识点，还要注意实收资本、资本公积与有关资产的结合，留存收益与收入、费用、利润的结合。

年份 题型	2013年		2014年		2015年		2016年		2017年	
	数量	分值	数量	分值	数量	分值	数量	分值	数量	分值
单选题	1	1.5	2	3	3	4.5	2	3	2	3
多选题	—	—	1	2	2	4	1	2	1	2
判断题	—	—	2	2	—	—	1	1	1	1
不定项选择题	—	—	—	—	—	—	—	—	2	6
合计	1	1.5	5	7	5	8.5	4	6	6	12

本章通关宝典

考点1. 所有者权益的概念：是指资产扣除负债后由所有者享有的<u>剩余权益</u>，又称为股东权益。

考点2. 所有者权益的来源构成：
（1）<u>实收资本（股本）</u>：所有者投入的资本；
（2）<u>资本公积</u>：资本或股本溢价、其他资本公积；
（3）<u>其他综合收益</u>：直接计入所有者权益的利得和损失；
（4）<u>留存收益</u>：盈余公积和未分配利润。

第一节 实收资本

考点1. 实收资本的概念：是指企业按照章程规定或合同、协议约定，接受投资者投入企业的<u>资本</u>。

★★★**考点2. 账务处理：**

情形		会计分录
（1）接受现金资产投资	①股份有限公司以外的企业	借：银行存款（按实际收到的金额） 　　贷：实收资本（投资者应享有的份额） 　　　　资本公积——资本溢价（差额）
	②股份有限公司	借：银行存款（每股发行价格×发行股数） 　　贷：股本（股数×面值） 　　　　资本公积——股本溢价（差额） 【注意】发行股票发生的手续费、佣金等交易费用，应从股票溢价中抵扣，即：冲减"资本公积——股本溢价"；溢价金额不足抵扣的，应将不足抵扣的部分依次冲减"盈余公积"和"未分配利润"。
（2）接受非现金资产投资	①接受固定资产投入	借：固定资产（按投资合同或协议约定的价值，不公允的除外） 　　应交税费——应交增值税（进项税额）（不动产要分两年抵扣） 　　贷：实收资本（或股本） 　　　　资本公积——资本溢价（或者股本溢价）（差额）
	②接受原材料投入	借：原材料（按投资合同或协议约定的价值，不公允的除外） 　　应交税费——应交增值税（进项税额） 　　贷：实收资本（或股本） 　　　　资本公积——资本溢价（或者股本溢价）（差额）
	③接受无形资产投入	借：无形资产（投资合同或协议约定的价值，不公允的除外） 　　应交税费——应交增值税（进项税额） 　　贷：实收资本（或股本） 　　　　资本公积——资本溢价（或者股本溢价）（差额）
（3）实收资本或股本增加	①接受投资者追加投资	与初次投入一样
	②资本公积转增资本	借：资本公积——资本溢价（或股本溢价） 　　贷：实收资本（或股本）
	③盈余公积转增资本	借：盈余公积 　　贷：实收资本（或股本）
（4）实收资本或股本减少：（股份有限公司采用回购本公司股票方式减资）	①回购时	借：库存股（按照实际支付的回购价款） 　　贷：银行存款
	②注销时	回购支付的价款＞面值总额： 借：股本（股票面值×注销股数） 　　资本公积——股本溢价（借方差额）　　依次冲减 　　盈余公积 　　利润分配——未分配利润 　　贷：库存股（每股回购价格×注销股数） 回购支付的价款＜面值总额： 借：股本（股票面值×注销股数） 　　贷：库存股（每股回购价格×注销股数） 　　　　资本公积——股本溢价（差额）

【注意】库存股属于所有者权益备抵项，回购库存股使所有者权益减少，注销库存股属于所有者权益内部变动，不影响所有者权益总额。

【总结】注销时：
按面值减少股本，库存股＞股本——依次冲减资本公积、盈余公积、未分配利润；
库存股＜股本——增加资本公积。

【例1·单选】下列各项中，不应计入企业财务费用的是（　　）。（2017年）
A. 支付的发行股票手续费　　　　B. 支付的银行结算手续费
C. 支付的银行承兑汇票手续　　　D. 确认的短期借款利息费用
【答案】A
【解析】股份有限公司发行股票发生的手续费、佣金等交易费用，应从股票溢价中抵扣。

【例2·单选】某股份有限公司首次公开发行普通股500万股。每股面值1元，发行价格6元，相关手续费和佣金共95万元（不考虑增值税）。不考虑其他因素，该公司发行股票应计入资本公积的金额为（　　）万元。（2017年）
A. 2 905　　　B. 2 405　　　C. 2 500　　　D. 3 000
【答案】B
【解析】应计入资本公积的金额＝500×6－500－95＝2 405（万元）。

【例3·判断】除投资合同或协议约定价值不公允的以外，企业接受投资者作为资本投入的固定资产，应按投资合同或协议的约定价值确定其入账价值。（　　）（2017年）
【答案】√
【解析】本题表述正确。

【例4·单选】甲股份有限公司股本为1 000万元（每股面值1元），资本公积（股本溢价）为150万元，盈余公积为100万元。经股东大会批准以每股3元价格回购本公司股票100万股并予以注销，不考虑其他因素，下列关于甲公司注销库存股的会计处理正确的是（　　）。（2015年）

A. 借：股本　　　　　　　　　　　　　　1 000 000
　　　资本公积——股本溢价　　　　　　 1 500 000
　　　盈余公积　　　　　　　　　　　　 500 000
　　　贷：库存股　　　　　　　　　　　　　　　3 000 000

B. 借：股本　　　　　　　　　　　　　　1 000 000
　　　资本公积——股本溢价　　　　　　 1 500 000
　　　盈余公积　　　　　　　　　　　　 500 000
　　　贷：银行存款　　　　　　　　　　　　　　3 000 000

C. 借：库存股　　　　　　　　　　　　　3 000 000
　　　贷：银行存款　　　　　　　　　　　　　　3 000 000

D. 借：股本　　　　　　　　　　　　　　3 000 000
　　　贷：银行存款　　　　　　　　　　　　　　3 000 000

【答案】A
【解析】回购本公司股票：
借：库存股　　　　　　　　　　　　　3 000 000
　　贷：银行存款　　　　　　　　　　　3 000 000（1 000 000×3）
注销本公司股票时：
借：股本　　　　　　　　　　　　　　1 000 000
　　资本公积——股本溢价　　　　　　　1 500 000
　　盈余公积　　　　　　　　　　　　　 500 000
　　贷：库存股　　　　　　　　　　　　3 000 000

第二节　资本公积

一、资本公积概述

★ **考点1．概念**：是指投资者出资额**超出**其在注册资本（或股本）中**所占份额**的部分。

【注意1】包括资本溢价（或股本溢价）和其他资本公积。
（1）资本**溢价**（或股本溢价）；
（2）资本公积**转增**资本；
（3）**其他**资本公积：是指除净损益、其他综合收益和利润分配**以外**的所有者权益的其他变动。

【注意2】上述（1）（2）有关账务处理，参照本章第一节的相关内容。

【例1·判断】乙公司按面值发行股票时，发生的相关交易费用冲减"资本公积——其他资本公积"科目。（　　）（2016年）
【答案】×
【解析】发行股票时发生的相关交易费用是冲减"资本公积——股本溢价"，股本溢价不足冲减的，冲减留存收益。

第三节　留存收益

一、留存收益概述

★★★ **考点1．概念**：是指从历年的利润中提取或形成的，留存于企业的**内部积累**。
包括：盈余公积和未分配利润。

留存收益	(1) 盈余公积	法定	法律规定按净利润（弥补以前年度亏损后）的10%提取；累计额已达到注册资本的50%时可以不再提取
		任意	企业自行决定是否计提
	(2) 未分配利润		净利润经过弥补亏损、提取盈余公积和向投资者分配利润后留存在企业的、历年结存的利润

【例1·单选】某股份有限公司年初未分配利润75万元，当年实现净利润750万元，分别按10%和5%计提法定盈余公积和任意盈余公积，当年宣告发放现金股利60万元。不考虑其他因素，该公司年末未分配利润余额为（　　）万元。（2017年）

A. 577.5　　　　B. 641.25　　　　C. 652.5　　　　D. 712.5

【答案】C

【解析】该公司年末未分配利润余额＝75＋750×（1－10%－5%）－60＝652.5（万元）。

【例2·多选】下列各项中，属于企业的留存收益的有（　　）。（2015年）

A. 累计未分配的利润
B. 按规定从净利润中提取的法定盈余公积
C. 按股东大会决议从净利润中提取的任意盈余公积
D. 发行股票的溢价收入

【答案】ABC

【解析】选项D计入"资本公积——股本溢价"。

★★★考点2．账务处理：

（1）利润分配：企业根据章程、投资协议等，对当年可供分配的利润进行分配。

可供分配的利润＝当年净利润（净亏损）＋年初未分配利润（－年初未弥补亏损）＋其他转入

可供分配的利润，按下列顺序分配：

①提取法定盈余公积；
②提取任意盈余公积；
③向投资者分配利润。

借：利润分配——应付现金股利或利润
　　贷：应付股利

【注意】年初有未分配利润＞0，不作为计提基数；根据当年净利润计提盈余公积；年初有未分配利润＜0，当年净利润应先弥补年初亏损，再按顺序分配。

（2）企业提取的盈余公积，经批准可用于弥补亏损、转增资本、发放现金股利或利润。

情形	会计分录
①提取盈余公积	借：利润分配——提取法定（任意）盈余公积 　　贷：盈余公积——法定（任意）盈余公积
②盈余公积补亏	借：盈余公积 　　贷：利润分配——盈余公积补亏
③盈余公积转增股本（或资本）	借：盈余公积 　　贷：股本（或实收资本）
④用盈余公积发放现金股利或利润	借：盈余公积 　　贷：应付股利

【注意】利润分配平时按明细科目核算，期末所有明细科目转至"利润分配——未分配利润"。

【例3·多选】下列各项中，导致企业留存收益发生增减变动的有（　　）。（2017年）
A. 盈余公积转增资本
B. 盈余公积弥补亏损
C. 资本公积转增资本
D. 盈余公积分配现金股利

【答案】AD

【解析】选项A，减少盈余公积，减少留存收益；选项B，属于留存收益内部的增减变动；选项C，不影响留存收益；选项D，减少盈余公积，减少留存收益。

【例4·单选】甲企业年初未分配利润1 000万元，盈余公积500万元，本年实现净利润5 000万元，分别提取法定盈余公积500万元，任意盈余公积250万元，宣告发放现金股利500万元，年末留存收益为（　　）万元。（2016年）
A. 6 500　　　B. 5 250　　　C. 5 750　　　D. 6 000

【答案】D

【解析】留存收益包括盈余公积和未分配利润。年初留存收益为1 000+500=1 500（万元）。本年盈余公积为500+250=750（万元），未分配利润为5 000-500-250-500=3 750（万元）。年末，留存收益=3 750+750+1 500=6 000（万元）。

【例5·不定项】2016年1月1日，某公司股东权益合计金额为20 000万元，其中，股本5 000万元（每股面值为1元），资本公积10 000万元，盈余公积3 000万元，未分配利润2 000万元。该公司2016年发生与所有者权益相关的交易或事项如下：

（1）1月8日，委托证券公司发行普通股6 000万股，每股面值1元，发行价格为每股4元，按发行收入的3%支付佣金，发行完毕。收到股款存入银行。

（2）9月10日，经股东大会批准，用资本公积转增股本800万元，并办妥相关增资手续。

（3）11月8日，经股东大会批准，以银行存款回购本公司股票1 000万股，价格为每股5元。

（4）12月28日，经股东大会批准，将回购的公司股票1 000万股注销，并办妥相关减资手续。

要求：根据上述资料，不考虑其他因素，分析回答下列小题。

（答案中的金额单位用万元表示）（2017年）

1.根据资料（1），下列各项中，该公司发行股票业务会计处理结果正确的是（　　）。

A."财务费用"科目借方登记720万元

B."银行存款"科目借方登记23 280万元

C."股本"科目贷方登记6 000万元

D."资本公积"科目贷方登记17 280万元

【答案】BCD

【解析】该公司发行股票的会计处理为：

借：银行存款　　　　　　　　　　　　　　　　　　23 280
　　贷：股本　　　　　　　　　　　　　　　　　　　　　　6 000
　　　　资本公积——股本溢价　　17 280（6 000×4－6 000－6 000×4×3%）

2.根据资料（2），下列各项中，该公司用资本公积转增股本会计处理结果正确的是（　　）。

A. 资本公积减少800万元

B. 库存股增加800万元

C. 未分配利润增加800万元

D. 股本增加800万元

【答案】AD

【解析】该公司用资本公积转增股本的会计处理为：

借：资本公积　　　　　　　　　　　　　　　　　　800
　　贷：股本　　　　　　　　　　　　　　　　　　　　　　800

3.根据资料（3），下列各项中，该公司回购股票会计处理正确的是（　　）。

A. 借：股本　　　　　　　　　　　　　　　　　　5 000
　　　贷：银行存款　　　　　　　　　　　　　　　　　　5 000

B. 借：股本　　　　　　　　　　　　　　　　　　1 000
　　　贷：库存股　　　　　　　　　　　　　　　　　　　1 000

C. 借：库存股　　　　　　　　　　　　　　　　　5 000
　　　贷：银行存款　　　　　　　　　　　　　　　　　　5 000

D. 借：库存股　　　　　　　　　　　　　　　　　1 000
　　　贷：股本　　　　　　　　　　　　　　　　　　　　　1 000

【答案】C

【解析】11月8日，公司回购股票的会计处理为：

借：库存股　　　　　　　　　　　　　　　　　　　5 000
　　贷：银行存款　　　　　　　　　　　　　　　　　　　5 000

4.根据期初资料和资料（1）至（4），该公司注销股票的会计处理结果正确的是（　　）。

A."资本公积"科目借方登记4 000万元

B."库存股"科目贷方登记5 000万元

C."资本公积"科目贷方登记4 000万元

D."股本"科目借方登记1 000万元

【答案】ABD

【解析】该公司注销股票的会计处理为：

借：股本　　　　　　　　　　　　　　　　　　　　　　　　1 000

　　资本公积——股本溢价　　　　　　　　　　　　　　　　4 000

　　贷：库存股　　　　　　　　　　　　　　　　　　　　　　　　5 000

5.根据期初资料和资料（1）至（4），下列各项中，该公司2016年末资产负债表"股东权益"项目期末余额填列正确的是（　　）。

A."库存股"项目为1 000万元

B."盈余公积"项目为26 480万元

C."资本公积"项目为22 480万元

D."股本"项目为10 800万元

【答案】CD

【解析】该公司2016年末资产负债表"股东权益"项目期末余额：

"股本"＝5 000＋6 000（资料1）＋800（资料2）－1 000（资料4）＝10 800（万元）；

"库存股"＝5 000－5 000（资料3）＝0（万元）；

"资本公积"＝10 000＋17 280（资料1）－800（资料2）－4 000（资料4）＝22 480（万元）；

"盈余公积"＝3 000（万元）。

检测3-2

第五章 收入、费用和利润

本章考情分析

本书把收入、费用和利润合为一章。本章在近5年的考试中平均分值25分左右,属于重要内容。本章中应注意收入与资产、负债、费用、利润、会计报表相关知识点的结合考核。费用主要阐述费用要素的确认、计量和记录,包括营业成本、税金及附加、期间费用等。利润内容与收入、费用的内容相结合,常与财务报告中的利润表相结合。

题型 \ 年份	2013年		2014年		2015年		2016年		2017年	
	数量	分值	数量	分值	数量	分值	数量	分值	数量	分值
单选题	2	3	5	7.5	7	10.5	5	7.5	7	10.5
多选题	4	8	4	8	4	8	5	10	2	4
判断题	1	1	1	1	2	2	2	2	4	4
不定项选择题	—	—	3	6	2	4	3	6	5	10
合计	7	12	13	22.5	15	24.5	15	25.5	18	28.5

第一节 收入

一、收入概述

考点1. 收入概述:

(1) 概念	企业在日常活动中形成的、会导致所有者权益增加的、与所有者投入资本无关的经济利益的**总流入**
(2) 特点	①日常活动中形成 ②导致所有者权益增加 ③与所有者投入资本无关
(3) 分类	①按日常活动性质不同,分为销售商品收入、提供劳务收入和让渡资产使用权收入 ②按经营业务主次不同,分为主营业务收入和其他业务收入

【例1·多选】下列各项中,属于工业企业营业收入的有( )。(2017年)
A. 出售无形资产的净收益
B. 出租无形资产的租金收入
C. 销售产品取得的收入
D. 债权投资的利息收入
【答案】BC
【解析】选项A计入营业外收入;选项B计入其他业务收入;选项C计入主营业务收入;选项D计入投资收益。故选项BC属于工业企业的营业收入。

二、销售商品收入

★★考点1．一般销售商品业务收入的处理：

（1）确认时点：

情形	确认时点
①托收承付方式销售	办妥托收手续时
②交款提货方式销售	开出发票账单、收到货款时
③预收款方式销售	通常在发出商品时
④支付手续费方式委托代销	收到受托方开出的代销清单时

【例2·单选】2015年9月10日，某企业与客户签订销售合同并预收客户货款55 000元。9月20日，商品发出，增值税专用发票上注明价款为50 000元，增值税税额为8 500元，当日发出商品的同时收到剩余货款，该企业应确认的商品销售收入金额为（　　）元。（2016年）

A. 55 000 　　B. 58 500 　　C. 3 500 　　D. 50 000

【答案】D

【解析】预收账款销售方式下，销售方直到收到最后一笔款项才将商品交付购货方，表明商品所有权上的主要风险和报酬只有在收到最后一笔款项时才转移给购货方，销售方通常应在发出商品时确认收入，在此之前预收的货款应确认为预收账款。

（2）符合销售商品收入确认条件的账务处理：

借：应收账款等
　　贷：主营业务收入
　　　　应交税费——应交增值税（销项税额）
借：主营业务成本
　　贷：库存商品

★★考点2．已经发出但不符合销售商品收入确认条件的商品的处理：

情形	会计分录
（1）发出商品时	借：发出商品（成本价） 　　贷：库存商品（成本价）
（2）开了专票时	借：应收账款 　　贷：应交税费——应交增值税（销项税额）（售价×适用税率）
（3）满足确认条件时	借：银行存款、应收账款等 　　贷：主营业务收入 　　　　应交税费——应交增值税（销项税额）（以前做过则省略） 借：主营业务成本 　　贷：发出商品

【例3·判断】如果销售商品不符合收入确认条件，在商品发出时不需要进行会计处理。（　　）（2017年）

【答案】×

【解析】如果销售商品不符合收入确认条件，在商品发出时不需要确认收入，但是需要将库存商品转出计入"发出商品"科目。

★★★考点3．商业折扣、现金折扣和销售折让的处理：

（1）商业折扣、现金折扣：

①商业折扣：数量折扣，买得多价格低。

处理：直接按扣除商业折扣后的金额确认收入。

【小剧场】某超市"双十一"开展大促销活动，原价100元/袋"××牌全脂婴幼儿奶粉"，在促销期内凡消费者一次购买3袋，即可享受7折优惠。这就是商业折扣。

②现金折扣：为鼓励债务人早付款而给予的优惠。

a.表现形式："折扣率/付款期限"。

如"2/10，1/20，N/30"（10天内付款，享受2%的折扣；20天内付款，享受1%的折扣；21天以上无折扣，30天内付清）

b.处理：按扣除现金折扣前的金额确定销售商品收入。

现金折扣实际发生时计入当期财务费用。

c.账务处理：

情形	会计分录
销售实现时	借：应收账款（全额） 　贷：主营业务收入（扣除现金折扣前的金额） 　　　应交税费——应交增值税（销项税额）
收到货款（实际发生现金折扣）时	借：银行存款（扣除现金折扣后的金额） 　　财务费用（现金折扣额） 　贷：应收账款

【注意】按照考试题目要求，计算现金折扣时是否需要考虑增值税。

【例4·单选】某企业为增值税一般纳税人，适用的增值税税率为17%。2016年11月1日，对外销售M商品20 000件，每件不含增值税销售价格为15元，给予10%的商业折扣，符合收入确认条件。下列各项中，该企业销售商品会计处理正确的是（　　）。（2017年）

A.确认管理费用3万元

B. 确认主营业务收入 27 万元
C. 确认应交税费 5.1 万元
D. 确认财务费用 3 万元

【答案】B

【解析】相关会计分录为：

借：应收账款　　　　　　　　　　　　　　　　　315 900
　　贷：主营业务收入　　　　　　　270 000[20 000×15×（1－10%）]
　　　　应交税费——应交增值税（销项税额）　　　　　45 900

【例 5·单选】A 企业为增值税一般纳税人，适用的增值税税率为 17%。2016 年 12 月 1 日，A 企业向 B 企业销售产品 500 件，每件不含增值税销售价格为 1 500 元。现金折扣条件为 2/10，1/20，N/30，计算现金折扣时不考虑增值税。B 企业于 12 月 15 日交付货款，A 企业实际收到的款项为（　　）元。（2017 年）

A. 877 500　　　　　　　　　　B. 862 500
C. 750 000　　　　　　　　　　D. 870 000

【答案】D

【解析】A 企业实际收到的款项＝500×1 500×17%＋（500×1 500×99%）＝870 000（元）。

（2）**销售折让**：售出商品质量<u>不符合要求</u>等原因而在售价上给予的减让。
①发生在确认收入<u>之前</u>：确认销售收入时直接按<u>扣除</u>销售折让<u>后</u>的金额确认。
②发生在确认收入<u>之后</u>：

情形		会计分录
分情况	a.已收款	借：主营业务收入 　　应交税费——应交增值税（销项税额） 　贷：银行存款
	b.未收款	借：主营业务收入 　　应交税费——应交增值税（销项税额） 　贷：应收账款 实际收款时： 借：银行存款 　贷：应收账款

【小剧场】李某在某宝上购买了一对袜子，到货之后，李某发现袜子上有个洞。于是他和客服商量如何解决，客服知道后给李某 3 元的返还，李某也同意了。这就是销售折让。

【例 6·单选】2016 年 8 月 2 日，甲公司向乙公司赊销一批商品。增值税专用发票上注明的价款为 300 万元，增值税税额为 51 万元，符合收入确认条件。9 月 15 日，乙公司发现该批商品外观有瑕疵，要求按不含税销售价格给予 5% 的折让。甲公司同意并开具了红字增值税专用发票。同日收到乙公司支付的货款。下列各项中，关于甲公司销售折让会计处理结果表述不正确的是（　　）。（2017年）

A. 冲减应交税费2.55万元
B. 增加销售费用17.55万元
C. 冲减主营业务收入15万元
D. 冲减应收账款17.55万元

【答案】B

【解析】2016年8月2日，赊销商品：

借：应收账款　　　　　　　　　　　　　　　　　351
　　贷：主营业务收入　　　　　　　　　　　　　　　　300
　　　　应交税费——应交增值税（销项税额）　　　　　51

9月15日，发生销售折让：

借：主营业务收入　　　　　　　　　　　　　　　15
　　应交税费——应交增值税（销项税额）　　　　2.55
　　贷：应收账款　　　　　　　　　　　　　　　　　17.55
借：银行存款　　　　　　　　　　　　　　　　333.45
　　贷：应收账款　　　　　　　　　　　　　　　　　333.45

【例7·判断】已确认销售收入的售出商品发生销售折让，且不属于资产负债表日后事项的，企业应在销售折让发生时冲减当期销售商品收入。（　　）（2017年）

【答案】√

【解析】本题表述正确。

★★★ 考点4．销售退回的处理：

（1）**销售退回**：售出商品由于质量、品种<u>不符合要求</u>等原因而发生的<u>退回</u>。
（2）账务处理：

情形		会计分录
①未确认收入前退回		借：库存商品 　　贷：发出商品
②确认收入后退回	a.已收款	借：主营业务收入 　　应交税费——应交增值税（销项税额） 　　贷：银行存款 借：库存商品 　　贷：主营业务成本
	b.未收款	借：主营业务收入 　　应交税费——应交增值税（销项税额） 　　贷：应收账款 借：库存商品 　　贷：主营业务成本

【注意】销售折让：减款调税，不退货；⎫
　　　　销售退回：退款退税，还退货；⎭ 若已发生现金折扣，应同时调整财务费用

【例8·单选】某企业售出商品发生销售退回，该商品销售尚未确认收入且增值税纳税义务尚未发生，该企业收到退回的商品应贷记的会计科目是（　　）。（2017年）
A．应收账款　　　　　　　　B．主营业务成本
C．发出商品　　　　　　　　D．其他业务成本
【答案】C
【解析】未确认收入的发出商品退回，由于这种销售退回发生在企业确认收入之前，因此只需要将已计入"发出商品"科目的商品成本转回即可。发出商品被退回时，应按其成本，借记"库存商品"科目，贷记"发出商品"科目。

【例9·判断】企业售出商品发生销售退回，对于已确认收入且不属于资产负债表日后事项的，应冲减退回当期的销售收入和销售成本。（　　）（2017年）
【答案】√
【解析】本题表述正确。

考点5．采用预收款方式销售商品的处理：

（1）预收款销售方式：销售方直到收到<u>最后一笔</u>款项才将商品交付购货方。
（2）账务处理：

情形	会计分录
①收到预收款项时	借：银行存款 　　贷：预收账款
②满足收入确认条件时	借：预收账款 　　银行存款 　　贷：主营业务收入 　　　　应交税费——应交增值税（销项税额） 借：主营业务成本 　　贷：库存商品

【小剧场】陈某在2017年11月9日在某宝上看到一款新产品，该新产品数量有限且只能在"双十一"当天购买，要购买要先交押金。于是陈某在当天先交了100元的押金，到了"双十一"当天，再把商品的余款交了，商家收到余款后发货。这就是预收款方式销售商品。

★★★ **考点6. 采用支付手续费方式委托代销商品的处理：**

（1）账务处理：

委托方	业务处理	受托方	业务处理
①发出商品	借：委托代销商品（发出商品） 　贷：库存商品	①收到商品	借：受托代销商品（售价） 　贷：受托代销商品款（售价）
②收到受托方的代销清单，根据已售商品确认收入	借：应收账款 　贷：主营业务收入 　　　应交税费——应交增值税（销项税额） 借：主营业务成本 　贷：委托代销商品（发出商品）	②对外销售	借：银行存款 　贷：受托代销商品（售价） 　　　应交税费——应交增值税（销项税额）
③确定代销手续费	借：销售费用 　　　应交税费——应交增值税（进项税额） 　贷：应收账款	③收到委托方的增值税专用发票	借：应交税费——应交增值税（进项税额） 　贷：应付账款 借：受托代销商品款 　贷：应付账款
④收到款项	借：银行存款 　贷：应收账款	④支付货款并计算代销手续费时	借：应付账款 　贷：银行存款 　　　其他业务收入（手续费） 　　　应交税费——应交增值税（销项税额）

【小剧场】陈某自己制作了一些商品，他想让更多的人购买他的商品，于是他让李某帮他销售。别人帮忙销售也要给别人一定的好处，所以当他收到李某销售后开出的代销清单后，他给李某支付手续费。这就是支付手续费方式委托代销商品。

【例10·单选】委托方采用支付手续费的方式委托代销商品，委托方在收到代销清单后应按（　　）确认收入。

A. 销售价款和增值税之和　　　　B. 商品的进价
C. 销售价款和手续费之和　　　　D. 商品的售价

【答案】D

【解析】选项A，销售价款和增值税之和，通过"应收账款"或"银行存款"等科目核算；选项B，结转销售成本时，通过"主营业务成本"核算；选项C，销售的价款通过"主营业务收入"核算，手续费通过"销售费用"核算。

★★ **考点7. 销售材料等存货的处理：**

借：银行存款
　贷：其他业务收入
　　　应交税费——应交增值税（销项税额）
借：其他业务成本
　贷：原材料等

【总结1】其他业务收入：销售材料、出租包装物和商品、出租固定资产、出租无形资产等实现的收入。

【总结2】其他业务成本：销售材料的成本、出租固定资产的折旧额、出租无形资产的摊销额、出租包装物的成本或摊销额。

【总结3】出售固定资产、转让无形资产所有权等实现的净收益或净损失属于非日常活动的利得或损失，计入营业外收入或营业外支出。

【例11·判断】企业出售不需用原材料取得的收入计入"主营业务收入"中，结转的成本计入"主营业务成本"中（　　）。

【答案】×

【解析】企业出售不需用原材料取得的收入应确认为其他业务收入，相应的成本应转入其他业务成本。

三、提供劳务收入

考点1．在同一会计期间内开始并完成：

（1）<u>一次</u>就能完成的劳务，在劳务完成时确认收入。

（2）<u>持续一段</u>时间但同一年度完成的，劳务完成时确认收入。

★★★考点2．开始和完成分属不同的会计期间（交易结果能够可靠估计）：

（1）应采用<u>完工百分比法</u>确认劳务收入。

（2）账务处理：

情形	会计分录
①预收劳务款时	借：银行存款 　贷：预收账款
②收到预收款时，按预征率预缴增税	借：应交税费——预交增值税 　贷：银行存款
③确认收入、结转成本 （一般期末）	借：预收账款/银行存款/应收账款 　贷：主营业务收入等 　　　应交税费——应交增值税（销项税额） 借：主营业务成本 　贷：劳务成本

【注意1】本期确认收入＝劳务总收入×本期末止劳务的完工进度－以前期间已确认收入

【注意2】本期确认成本＝劳务总成本×本期末止劳务的完工进度－以前期间已确认成本

【注意3】劳务总成本＝资产负债表日已发生成本＋尚需发生的成本

【例12·单选】2016年12月1日，甲企业与乙企业签订为期2个月的软件开发合同，合同总价为60万元（不考虑增值税），当日收到乙企业预付的合同款40万元。截至2016年12月31日，甲企业履行该合同累计发生劳务成本24万元。预计还将发生劳务成本16万元，经规定该合同完工进度为60%。不考虑其他因素，2016年12月甲企业确认的该项

业务劳务收入为（　　）万元。（2017年）

A. 24　　　　　　B. 60　　　　　　C. 40　　　　　　D. 36

【答案】D

【解析】根据题干中给出的"经测定该合同完工进度为60%"，所以应确认的劳务收入＝60×60%＝36（万元）。

★★考点3. 开始和完成分属不同的会计期间（交易结果不能可靠估计）：

（1）<u>不能</u>采用<u>完工百分比法</u>确认劳务收入，以<u>能收到金额</u>确认。

（2）应预计已发生的劳务成本能否得到补偿，分下列情况处理：

①预计全部能得到补偿：

按<u>已收或预计能够收回</u>的金额确认劳务收入，结转已发生劳务成本。

②预计部分能得到补偿：

按能得到<u>部分补偿</u>的劳务成本金额确认劳务收入，结转已发生劳务成本。

③预计全部不能得到补偿：

将<u>已经发生</u>劳务成本计入当期损益（主营业务成本或其他业务成本），<u>不确认收入</u>。

【例13·判断】企业对外提供的劳务分属不同会计期间且资产负债日提供劳务的交易结果不能可靠估计的，不能采用完工百分比法确认其当期劳务收入。（　　）（2017年）

【答案】√

【解析】本题表述正确。

四、让渡资产使用权收入

★★考点1. 内容：主要指让渡<u>无形资产</u>等资产使用权的<u>使用费</u>收入。

【例14·多选】下列各项中，属于企业让渡资产使用权收入的有（　　）。（2017年）

A. 股权投资取得的现金股利

B. 接受捐赠取得的现金

C. 处置无形资产取得的净收益

D. 出租固定资产取得的租金

【答案】AD

【解析】选项B、C计入营业外收入，不属于让渡资产使用权收入。

考点2. 账务处理：

情形	会计分录
（1）<u>确认收入</u>时	借：银行存款、应收账款等 　　贷：<u>其他业务收入</u> 　　　　应交税费——应交增值税（销项税额）
（2）①对所让渡资产计提<u>摊销</u> 　　②与让渡资产有关的<u>支出</u>等	借：其他业务成本 　　贷：累计摊销等

【注意1】如合同或协议规定一次性收取使用费,不提供后续服务,视同销售该资产一次性确认收入;提供后续服务的,在合同或协议规定的期间内分期确认收入。

【注意2】如合同或协议规定分期收取使用费,按规定的收款时间和金额或规定的收费方法分期确认收入。

【例15·不定项】甲公司为增值税一般纳税人,适用的增值税税率为17%。2016年7月甲公司发生如下业务。

(1)1日,与乙公司签订委托代销合同,委托乙公司销售N商品2 000件,合同约定乙公司按每件100元对外销售。甲公司按售价的10%向乙公司支付手续费。商品已经发出,每件成本为60元。

(2)8日,收到乙公司开具的代销清单,乙公司实际对外销售N商品1 000件。甲公司开具的增值税专用发票上注明的价款为100 000元。增值税税额为17 000元,款项尚未收到。甲公司收到乙公司开具的代销清单时,向乙公司开具一张相同金额的增值税专用发票,并收到乙公司提供代销服务开具的增值税专用发票,注明的价款为10 000元,增值税税额为600元。

(3)10日,用托收承付结算方式向丙公司销售M商品,并办妥托收手续。开具的增值税专用发票上注明的价款为500 000元。增值税税额为85 000元,该批M商品的成本为350 000元。15日丙公司发现该批商品有假货,要求给予5%的折让。甲公司同意并办妥相关手续,开具了增值税专用发票(红字)。20日,甲公司收到扣除折让后的全部款项存入银行。

(4)25日,收到以经营租赁方式出租设备的本月租金20 000元及相应增值税税额3 400元。该设备本月应计提折旧12 000元。

要求:根据上述资料,不考虑其他因素,分析回答下列小题。(2017年)

1.根据资料(1),下列各项中,甲公司发出委托代销商品时会计处理结果表述正确的是( )。

A."应交税费"科目贷方登记34 000元
B."库存商品"科目贷方登记120 000元
C."发出商品"科目借方登记200 000元
D."委托代销商品"科目借方登记120 000元

【答案】BD
【解析】甲公司发出委托代销商品时的会计处理为:

借:委托代销商品　　　　　　　　　　　　　　　120 000
　　贷:库存商品　　　　　　　　　　　　　　　　　　　120 000

2.根据资料(1)和(2),下列各项中,甲公司收到代销清单会计处理结果表述正确的是( )。

A.结转主营业务成本60 000元　　B.确认销售费用10 000元
C.确认应收账款107 000元　　　　D.确认主营业务收入100 000元

【答案】ABD

【解析】甲公司收到代销清单时：

借：应收账款	117 000
贷：主营业务收入	100 000
应交税费——应交增值税（销项税额）	17 000
借：主营业务成本	60 000
贷：委托代销商品	60 000
借：销售费用	10 000
应交税费——应交增值税（进项税额）	600
贷：应收账款	10 600

3.根据资料（3），下列各项中，关于甲公司销售 M 商品会计处理结果表述正确的是（　　）。

A. 发生销售折让时，确认销售费用 24 000 元

B. 发生销售折让时，冲减主营业务收入 25 000 元

C. 收到销售款项时，增加银行存款 555 750 元

D. 办妥托收手续时，确认应收账款 585 000 元

【答案】BCD

【解析】10 日销售 M 产品时：

借：应收账款	585 000
贷：主营业务收入	500 000
应交税费——应交增值税（销项税额）	85 000
借：主营业务成本	350 000
贷：库存商品	350 000

15 日发生销售折让时：

借：主营业务收入	25 000
应交税费——应交增值税（销项税额）	4 250
贷：应收账款	29 250

20 日收到款项时：

借：银行存款	555 750
贷：应收账款	555 750

4.根据资料（4），下列各项中，甲公司7月份出租设备相关的会计处理正确的是（　　）。

A. 收到租金时：借：银行存款	23 400	
贷：其他业务收入		23 400
B. 计提折旧时：借：制造费用	12 000	
贷：累计折旧		12 000
C. 收到租金时：借：银行存款	23 400	
贷：其他业务收入		20 000

应交税费——应交增值税（销项税额）　　　　3 400

D. 计提折旧时：借：其他业务成本　　　　　　　　　12 000

　　　　　　　　　贷：累计折旧　　　　　　　　　　　　12 000

【答案】CD

【解析】甲公司7月份出租设备的会计处理为：

借：银行存款　　　　　　　　　　　　　　　　　　　23 400

　　贷：其他业务收入　　　　　　　　　　　　　　　　20 000

　　　　应交税费——应交增值税（销项税额）　　　　3 400

借：其他业务成本　　　　　　　　　　　　　　　　　12 000

　　贷：累计折旧　　　　　　　　　　　　　　　　　　12 000

5. 根据资料（1）至（4），上述业务对甲公司7月份利润表中"营业收入"项目本期金额的影响是（　　）元。

A. 600 000　　　　B. 595 000　　　　C. 575 000　　　　D. 620 000

【答案】B

【解析】对甲公司7月份利润表中"营业收入"项目本期金额的影响＝100 000（资料2）＋（500 000－25 000）（资料3）＋20 000（资料4）＝595 000（元）。

检测3-3

第二节　费用

一、费用概述

考点1. 费用的概念：

（1）概念	在<u>日常</u>活动中发生的、会导致所有者权益<u>减少</u>的、与向所有者分配利润<u>无关</u>的经济利益的<u>总流出</u>。
（2）<u>特点</u>	①日常活动中形成； ②导致所有者权益减少； ③与所有者分配利润无关。
（3）<u>构成</u>	成本费用	<u>主营业务成本、其他业务成本、税金及附加</u>等
	期间费用	销售费用、管理费用、财务费用

二、营业成本

考点1. 构成：<u>主营业务成本</u>、<u>其他业务成本</u>。

考点 2．主营业务成本：是企业销售商品、提供劳务等经常性活动所发生的<u>成本</u>。

考点 3．主营业务成本的账务处理：

情形	会计分录
（1）销售实现，<u>确认</u>主营业务<u>成本</u>时	借：主营业务成本 　　贷：库存商品
（2）期末<u>结转</u>	借：本年利润 　　贷：主营业务成本

【注意】期末结转后，"主营业务成本"科目无余额。

★★**考点 4．其他业务成本**：除主营业务活动<u>以外</u>的其他日常经营活动所发生的<u>支出</u>。
包括：（1）销售<u>材料</u>的成本；
（2）出租固定资产的<u>折旧额</u>；
（3）出租无形资产的<u>摊销额</u>；
（4）出租包装物的<u>成本</u>或<u>摊销额</u>。

【例1·多选】下列各项中，企业不应通过"其他业务成本"科目核算的有（　　）。
A．销售原材料所结转的实际成本
B．预计的产品质量保证损失
C．结转随同产品出售单独计价的包装物成本
D．行政管理部门发生的固定资产修理费
【答案】BD
【解析】选项 B 计入销售费用；选项 D 计入管理费用。

考点 5．其他业务成本的账务处理：

情形	会计分录
（1）销售实现，<u>确认</u>其他业务<u>成本</u>时	借：银行存款/应收账款 　　贷：其他业务收入 　　　　应交税费——应交增值税（销项税额） 借：其他业务成本 　　贷：原材料/周转材料等
（2）期末<u>结转</u>	借：本年利润 　　贷：其他业务成本

【注意】期末结转后，"其他业务成本"科目无余额。

三、税金及附加

★**考点 1．税金及附加**：经营活动应负担的相关税费，包括消费税、城市维护建设

税、教育费附加和资源税、房产税、城镇土地使用税、车船税、印花税等。（不包括增值税和所得税）

★考点2．税金及附加的账务处理：

情形	会计分录
（1）发生相关税费时	借：税金及附加 　　贷：应交税费——应交消费税、城市维护建设税等
（2）实际缴纳税费时	借：应交税费——应交消费税、城市维护建设税等 　　贷：银行存款
（3）期末结转	借：本年利润 　　贷：税金及附加

【注意1】房产税、城镇土地使用税、车船税、印花税计入"税金及附加"。（2018年变化）

【注意2】印花税不通过"应交税费"核算。购买印花税票时，直接借记"税金及附加"，贷记"银行存款"。

四、期间费用

★考点1．期间费用的概念：不能计入特定核算对象的成本，应计入发生当期损益的费用。

★★★考点2．期间费用的构成：销售费用、管理费用、财务费用。

★★★考点3．销售费用：

（1）概念：是指企业销售过程中发生的各项费用。

（2）构成：保险费、包装费、展览费和广告费、预计产品质量保证损失、商品维修费、运输费、装卸费以及专设的销售机构的职工薪酬、业务费、折旧费等经营费用。

【注意1】销售费用不包括销售商品本身的成本和劳务成本。销售产品的成本属于"主营业务成本"，提供劳务所发生的成本属于"劳务成本"。

【注意2】随同商品出售而不单独计价的包装物成本，应在发生时计入销售费用。委托代销商品所支付的手续费计入销售费用。

【例2·多选】下列各项中，应计入销售费用的有（　　）。（2017年）

A．推广新产品的宣传费

B．预计产品质量保证损失

C．销售商品发生的运输费

D．专设销售机构的办公费

【答案】ABCD

【解析】四个选项均正确。

(3) 账务处理：

情形	会计分录
(1) 发生时	借：销售费用 　　应交税费——应交增值税（进项税额）（看题目有没有注明该科目，若没有则不用写） 　贷：银行存款/应付职工薪酬/累计折旧等
(2) 期末结转	借：本年利润 　贷：销售费用

【注意】结转后，"销售费用"科目无余额。

★★★考点4．管理费用：
(1) 概念：是指企业为组织和管理生产经营而发生的各种费用。
(2) 构成：
①在筹建期间内发生的开办费：
　人员工资、办公费、培训费、差旅费、印刷费、注册登记费等。
②企业董事会和行政管理部门发生的应由企业统一负担的公司经费：
　行政管理部门职工工资及福利费、物料消耗、低值易耗品摊销、办公费和差旅费等；
③行政管理部门负担的工会经费、董事会费；
④聘请中介机构费、咨询费、诉讼费、业务招待费、研究费用、排污费；
⑤企业生产车间和行政管理部门发生的固定资产修理费用。

【例3·单选】下列各项中，应计入企业管理费用的是（　　）。（2017年）
A．收回应收账款发生的现金折扣　　　B．处置无形资产净损失
C．生产车间机器设备的折旧费　　　　D．生产车间发生的排污费
【答案】D
【解析】选项A计入财务费用，选项B计入营业外支出，选项C计入制造费用。

【例4·单选】下列各项中，筹建期间用于日常管理活动的借款利息应记入的会计科目是（　　）。（2017年）
A．长期待摊费用　　　　　　B．财务费用
C．管理费用　　　　　　　　D．销售费用
【答案】C
【解析】筹建期间非资本化利息费用应计入"管理费用"科目。

【例5·判断】企业生产车间发生的固定资产日常维修费，应作为制造费用核算计入产品成本。（　　）（2017年）
【答案】×
【解析】企业生产车间发生的固定资产日常维修费，应计入管理费用。

（3）账务处理：

情形	会计分录
（1）发生时	借：管理费用 　　应交税费——应交增值税（进项税额）（看题目有没有注明该科目，若没有则不用写） 　贷：应付职工薪酬/累计折旧/银行存款等
（2）结转时	借：本年利润 　贷：管理费用

【例6·多选】下列各项中，应通过"管理费用"科目核算的有（　　）。（2015年）
A. 支付的排污费　　　　　　　B. 支付的企业年度财务报告审计费
C. 支付的广告费　　　　　　　D. 发生的罚款支出
【答案】AB
【解析】选项C计入销售费用；选项D计入营业外支出。

★★★考点5．财务费用：
（1）概念：是指企业为筹集生产经营所需资金等而发生的筹资费用。
（2）构成：
①利息支出（减利息收入）；
②汇兑损益；
③相关的手续费（金融机构手续费）；
④企业发生的现金折扣等。

【例7·单选】2016年11月份，某企业确认短期借款利息7.2万元（不考虑增值税），收到银行活期存款利息收入1.5万元。开具银行承兑汇票支付手续费0.5万元（不考虑增值税）。不考虑其他因素。11月份企业利润表中"财务费用"项目的本期金额为（　　）万元。（2017年）
A. 5.7　　　　　B. 7.7　　　　　C. 5.2　　　　　D. 6.2
【答案】D
【解析】11月份企业利润表中"财务费用"项目的本期金额＝7.2－1.5＋0.5＝6.2（万元）。

（3）账务处理：

情形	会计分录
（1）发生时	借：财务费用 　贷：银行存款等
（2）结转时	借：本年利润 　贷：财务费用

【例8·单选】企业为采购存货签发银行承兑汇票而支付的手续费应计入（   ）。（2017）
A. 营业外支出　　　　　　　　B. 财务费用
C. 管理费用　　　　　　　　　D. 采购存货成本
【答案】B
【解析】签发银行承兑汇票而支付的手续费应计入财务费用。

第三节　利润

一、利润的概述

考点1．概念：企业在一定会计期间的经营成果。（利润＝收入－费用＋利得－损失）

【注意1】未计入当期利润的利得和损失扣除所得税影响后的净额计入其他综合收益项目。

【注意2】净利润与其他综合收益的合计金额为综合收益总额。

考点2．利得：是指由企业非日常活动所形成的、会导致所有者权益增加的、与所有者投入资本无关的经济利益的流入。

考点3．损失：是指由企业非日常活动所发生的、会导致所有者权益减少的、与向所有者分配利润无关的经济利益的流出。

【例1·判断】损失是指企业非日常活动所发生的，会导致所有者权益减少的，与向所有者分配利润无关的经济利益的流出。（　　）（2017）
【答案】√

★★★**考点4．与利润相关的计算公式**：
（1）营业利润
　　　　＝营业收入（主营业务收入＋其他业务收入）
　　　　－营业成本（主营业务成本＋其他业务成本）
　　　　－税金及附加
　　　　－销售费用－管理费用－财务费用
　　　　－资产减值损失
　　　　＋公允价值变动收益（－公允价值变动损失）
　　　　＋投资收益（－投资损失）
　　　　＋其他收益

【注意】以上与利润表的格式一致，便于记忆。

（2）**利润总额**＝营业利润
　　　　　　＋营业外收入－营业外支出

（3）**净利润**＝利润总额－所得税费用
【注意1】本考点经常考核影响营业利润的情况，不影响营业利润的有"营业外收入""营业外支出""所得税费用"。
【注意2】其他收益是指与日常活动相关，除冲减相关成本费用以外的政府补助。

【例2·单选】下列各项中，不会引起利润总额发生增减变动的是（　　）。（2015年）
A. 确认劳务收入　　　　　　　B. 计提存货跌价准备
C. 确认所得税费用　　　　　　D. 取得持有国债的利息收入
【答案】C
【解析】取得国债利息收入的分录是：
借：银行存款（应收利息）
　　贷：投资收益
投资收益影响利润总额；所得税费用影响净利润，不影响利润总额。

【例3·单选】下列各项中，不影响净利润的是（　　）。（2015年）
A. 转回已计提的存货跌价准备
B. 资本公积转增实收资本
C. 出租包装物的摊销额
D. 计算确认应交的房产税
【答案】B
【解析】选项A，贷记资产减值损失；选项C，借记其他业务成本；选项D，计入税金及附加，所以选项ACD都会影响净利润。选项B，属于所有者权益内部的一增一减，不影响净利润。

二、营业外收支
★★★**考点1. 营业外收入**：
（1）**概念**：是指企业确认的与其日常活动<u>无直接关系</u>的各项<u>利得</u>。
（2）**内容**：
①非流动资产的处置利得；
②<u>盘盈</u>利得；
③<u>捐赠</u>利得；
④非货币性资产交换利得；
⑤债务重组利得等。

(3) 账务处理：

情形	会计分录
①确认处置非流动资产利得时	借：固定资产清理/银行存款/待处理财产损溢 　　贷：营业外收入
②确认盘盈/捐赠利得时	借：库存现金、待处理财产损溢等科目 　　贷：营业外收入
③期末结转到本年利润	借：营业外收入 　　贷：本年利润

【注意1】存货盘盈，批准后计入管理费用；
【注意2】固定资产盘盈，通过以前年度损益调整，调整留存收益，不计入营业外收入。
【注意3】结转后，"营业外收入"科目应无余额。

★★★考点2. 营业外支出：
（1）概念：企业发生的与其日常活动无直接关系的各项损失。
（2）内容：
①非流动资产处置损失；（固定资产、无形资产等）
②公益性捐赠支出；
③盘亏损失；（报经批准计入营业外支出的损失）
④非常损失；（客观原因，如自然灾害造成的损失，扣除保险公司赔偿后）
⑤罚款支出；（罚款、违约金、赔偿金等）
⑥非货币性资产交换损失；
⑦债务重组损失等。

【例4·多选】下列各项中，属于营业外支出核算内容的是（　　）。（2017年）
A. 无法查明原因的现金短缺　　　　B. 处置固定资产的净损失
C. 因计量误差造成的存货盘亏　　　D. 公益性捐赠支出
【答案】BD
【解析】选项A，通过管理费用核算；选项C，通过管理费用核算。

(3) 账务处理：

情形	会计分录
①确认处置非流动资产损失时	借：营业外支出 　　贷：固定资产清理/无形资产等
②确认盘亏/罚款支出时	借：营业外支出 　　贷：待处理财产损溢/库存现金等
③期末结转到本年利润	借：本年利润 　　贷：营业外支出

【注意】结转后，"营业外支出"科目应无余额。

三、所得税费用

★考点1．所得税费用包括：<u>当期所得税</u>、<u>递延所得税</u>。

（1）<u>当期所得税</u>：是指当期应交所得税。

（2）<u>递延所得税</u>：包括递延所得税资产和递延所得税负债。

【注意1】递延所得税资产：是指未来很可能取得用来抵扣可抵扣暂时性差异的应纳税所得额为限确认的一项资产。

【注意2】递延所得税负债：是指根据应纳税暂时性差异计算的未来期间应付所得税的金额。

【例5·判断】利润表中"所得税费用"项目的本期金额等于当期所得税，而不应考虑递延所得税。（　　）（2017年）

【答案】×

【解析】企业根据会计准则的规定，计算确定的当期所得税和递延所得税之和，即为应从当期利润总额扣除的所得税费用。

★★★考点2．应交所得税的计算：

（1）<u>概念</u>与<u>计算公式</u>：

①概念	应交纳给税务部门的所得税金额，即当期应交所得税
②当期<u>应交所得税</u>的计算公式	<u>应交所得税＝应纳税所得额×所得税税率</u>
③<u>应纳税所得额</u>的计算公式	应纳税所得额＝税前会计利润（即利润总额）＋纳税调整增加额－纳税调整减少额

（2）<u>纳税调整额</u>的内容：

项目	内容
纳税调整<u>增加</u>额	①已计入当期费用但<u>超过</u>税法规定扣除标准的金额： a.<u>职工福利费</u>（工资总额×14%） 　<u>工会经费</u>（工资总额×2%） 　<u>职工教育经费</u>（工资总额×2.5%） b.<u>业务招待费</u>（按发生额的60%扣除，但不超过当年销售收入的5‰） c.<u>广告费、业务宣传费</u>（销售/营业收入×15%） d.<u>公益性捐赠支出</u>（利润总额×12%）等 ②已计入当期损失但企业所得税法规定<u>不允许</u>扣除项目的金额： a.<u>税收滞纳金</u> b.<u>罚款、罚金</u>等 【注意】考试会直接给出标准，或直接给出调整增加的金额。
纳税调整<u>减少</u>额	①按企业所得税法规定允许弥补的亏损：<u>前五年内未弥补亏损</u>； ②准予免税的项目：<u>国债利息收入</u>等。

【例6·单选】甲公司2016年度实现利润总额1 350万元，适用的所得税税率为25%。本年度甲公司取得国债利息收入150万元，发生税收滞纳金4万元。不考虑其他因素，甲公司2016年度利润表"所得税费用"项目本期余额为（　　）万元。（2017年）

　　A. 338.5　　　　　　　　B. 301
　　C. 374　　　　　　　　　D. 337.5
【答案】B
【解析】应纳税所得额＝1 350－150＋4＝1 204（万元），所得税费用＝1 204×25%＝301（万元）。

【例7·单选】2016年A企业取得债券投资利息收入15万元，其中国债利息收入5万元，全年税前利润总额为150万元，所得税税率为25%，不考虑其他因素，2016年A企业的净利润为（　　）万元。（2017年）

　　A. 112.5　　　　　　　　B. 113.75
　　C. 116.75　　　　　　　D. 111.25
【答案】B
【解析】2016年A企业的净利润＝150－（150－5）×25%＝113.75（万元）。

★★★考点3．所得税费用的账务处理：

（1）所得税费用的计算公式：

<u>所得税费用＝当期所得税 ＋ 递延所得税</u>

（2）递延所得税的计算公式：

<u>递延所得税＝（递延所得税负债的期末余额－期初余额）－（递延所得税资产的期末余额－期初余额）</u>

【例8·单选】2015年度某企业实现利润总额为960万元，当年应纳税所得额为800万元，适用的所得税税率为25%。当年影响所得税费用的递延所得税负债增加50万元，企业2015年度利润表"所得税费用"项目本期金额为（　　）万元。（2016年）

　　A. 250　　　　　　　　　B. 150
　　C. 240　　　　　　　　　D. 200
【答案】A
【解析】所得税费用＝当期所得税＋递延所得税费用
当期所得税＝应纳税所得额×所得税税率＝800×25%＝200（万元）
递延所得税费用＝50（万元）
所得税费用＝200＋50＝250（万元）
选项A正确。

(3) 账务处理：

情形	会计分录
（1）确认时	借：所得税费用 　　贷：应交税费——应交所得税（当期所得税） 　　　　递延所得税资产（增加在借方） 　　　　递延所得税负债（减少在借方）
（2）期末结转到本年利润	借：本年利润 　　贷：所得税费用

【注意】结转后，"所得税费用"科目无余额。

四、本年利润

考点1．结转方法：表结法、账结法。

★★★**考点2．表结法与账结法的区别**：

（1）表结法	各损益类科目每月月末只需结计出本月发生额和月末累计余额，不结转到"本年利润"科目。
（2）账结法	每月月末均需编制转账凭证，将在账上结计出的各损益类科目的余额结转入"本年利润"科目。

【总结】表结法只需要在年末的时候才需要结转，而账结法每月月末都需要进行结转。

【例9·单选】下列各项中，关于本年利润结转方法表述正确的是（　　）。（2017年）
A．采用表结法，增加"本年利润"科目的结转环节和工作量
B．采用表结法，每月月末应将各损益类科目的余额结转记入"本年利润"科目
C．采用账结法，减少"本年利润"科目的结转环节和工作量
D．采用账结法，每月月末应将各损益类科目的余额结转记入"本年利润"科目
【答案】D
【解析】表结法下，年中损益类科目无需结转入"本年利润"科目，从而减少了结转环节和工作量。账结法下，每月月末均需编制转账凭证，将在账上结计出的各损益类科目的余额结转入"本年利润"科目。账结法在各月均可通过"本年利润"科目提供当月及本年累计的利润（或亏损）额，但增加了转账环节和工作量。

【例10·判断】账结法下，每月月末应编制转账凭证，将账上结计出的各损益科目余额转入"本年利润"科目。（　　）（2017年）
【答案】√

【例11·判断】会计年度终了，无论是表结法还是账结法，企业都应将各损益类科目的余额结转至"本年利润"科目。（　　）（2017年）
【答案】√

★★考点3．期末时账务处理：

情形		会计分录
（1）将损益类中的<u>收益类</u>账户余额转入"本年利润"		借：主营业务收入 　　其他业务收入 　　营业外收入 　　公允价值变动损益 　　投资收益 　贷：本年利润
（2）将损益类中的<u>费用类</u>账户余额转入"本年利润"		借：本年利润 　贷：主营业务成本 　　其他业务成本 　　税金及附加 　　销售费用 　　管理费用 　　财务费用 　　资产减值损失 　　营业外支出 　　所得税费用
（3）<u>年度终了</u>，将"本年利润"的余额<u>转入</u>"利润分配——未分配利润"	①"本年利润"为贷方余额	借：本年利润 　贷：利润分配——未分配利润
	②"本年利润"为借方余额	借：利润分配——未分配利润 　贷：本年利润

【注意1】结转后"本年利润"科目：
如为贷方余额，表示当年实现的净利润；
如为借方余额，表示当年发生的净亏损。
【注意2】年末结转后，"本年利润"科目无余额。
【注意3】年度终了，企业应将"利润分配"科目所属其他明细科目的余额转入该科目"未分配利润"明细科目，结转后，"利润分配"科目中除"未分配利润"明细科目外，所属其他明细科目无余额。"未分配利润"明细科目的贷方余额表示累积未分配的利润，该科目如果出现借方余额，则表示累积未弥补的亏损。

【例12·多选】下列各项中，在期末不需要结转到"本年利润"科目的有（　　）。
A.其他业务成本　　　　　　　B.劳务成本
C.所得税费用　　　　　　　　D.制造费用
【答案】BD
【解析】选项BD属于成本类科目，不结转入"本年利润"中。

第六章 财务报表

本章考情分析

本章主要讲解资产负债表、利润表和所有者权益（或股东权益）变动表等的编制。在历年考试中，本章内容在各种题型中均出现相关考点，主要考查各类报表项目的填列内容、填列方法以及具体填列金额的计算等。从近年考试情况来看，学好前5章内容是学好本章内容的基础，因此考查本章内容的不定项选择题往往具有较大的综合性，难度也较大，考生需高度注意。本章在近5年考试中所占的分值在9分左右。

年份 题型	2013年		2014年		2015年		2016年		2017年	
	数量	分值	数量	分值	数量	分值	数量	分值	数量	分值
单选题	4	6	2	3	2	3	1	1.5	2	3
多选题	3	6	1	2	1	2	—	—	1	2
判断题	2	2	—	—	2	2	—	—	1	1
不定项选择题	—	—	2	4	3	6	1	2	1	2
合计	9	14	5	9	8	13	2	3.5	5	8

第一节 资产负债表

一、资产负债表概述

考点1．资产负债表的概念：是指反映企业某一特定日期财务状况的报表。其编制依据是"**资产＝负债＋所有者权益**"。

二、资产负债表的结构

考点1．我国企业资产负债表采用的结构：**账户式**。

★★**考点2．账户式**：分成**左右**两方。

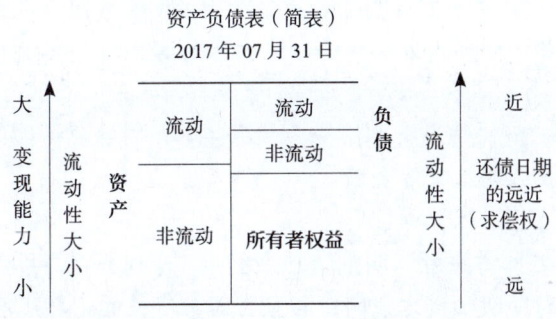

分类		具体项目
（1）资产	①流动资产	货币资金、以公允价值计量且其变动计入当期损益的金融资产、应收票据、应收账款、预付款项、应收利息、应收股利、其他应收款、存货、持有待售的非流动资产或持有待售的处置中的资产和一年内到期的非流动资产等
	②非流动资产	以摊余成本计量的金融资产、以公允价值计量且其变动计入其他综合收益的金融资产、长期应收款、长期股权投资、投资性房地产、固定资产、在建工程、工程物资、固定资产清理、无形资产、开发支出、长期待摊费用以及其他非流动资产等
（2）负债	①流动负债	短期借款、以公允价值计量且其变动计入当期损益的金融负债、应付票据、应付账款、预收款项、应付职工薪酬、应交税费、应付利息、应付股利、其他应付款、持有待售的处置中的负债、一年内到期的非流动负债等
	②非流动负债	长期借款、应付债券、长期应付款和其他非流动负债等
（3）所有者权益		实收资本（或股本）、资本公积、其他综合收益、盈余公积和未分配利润

三、资产负债表的编制

考点1．填列内容：各项目均需要填列"年初余额"和"期末余额"两栏。

考点2．年初余额的填列方法：应根据上年末资产负债表"期末余额"栏内所列数字填列。

★★★ 考点3．期末余额的填列方法：

（1）根据总账科目余额填列：

①直接填列：

a.以公允价值计量且其变动计入当期损益的金融资产

b.工程物资、固定资产清理

c.短期借款、应付票据、应交税费、应付股利等

d.实收资本、资本公积、盈余公积等

【注意】应交税费科目期末为借方金额的应以"—"号填列。

②计算填列：

货币资金＝"库存现金"＋"银行存款"＋"其他货币资金"

（2）根据有关明细科目的余额计算填列：

①应收账款＝"应收账款"明细借方余额＋"预收账款"明细借方余额－坏账准备

【总结1】"两收"明细借方余额－与应收账款有关的"坏账准备"

②应付账款＝"应付账款"明细贷方余额＋"预付账款"明细贷方余额

【总结2】"两付"明细贷方余额

③预付款项＝"预付账款"明细借方余额＋"应付账款"明细借方余额－坏账准备

【总结3】"两付"明细借方余额－与预付账款有关的"坏账准备"

④预收款项＝"预收账款"明细贷方余额＋"应收账款"明细贷方余额
【总结4】"两收"明细贷方余额

⑤开发支出＝"研发支出"所属的"资本化支出"明细科目期末余额

（3）根据总账科目和明细账科目的余额分析计算填列：
①长期待摊费用＝"长期待摊费用"总账余额－明细账中将于"一年内到期的金额"
②长期借款＝"长期借款"总账余额－明细账中"一年内到期金额"

（4）根据有关科目余额减去其备抵科目余额后的净额填列：
①固定资产＝"固定资产"－"累计折旧"－"固定资产减值准备"
②无形资产＝"无形资产"－"累计摊销"－"无形资产减值准备"

（5）综合运用上述填列方法分析填列：
存货＝"原材料"＋"库存商品"＋"委托加工物资"＋"周转材料"＋"材料采购"＋"在途物资"＋"发出商品"＋"生产成本"＋"材料成本差异"（借方为加，贷方为减）－"存货跌价准备"
【注意】"工程物资""在建工程""固定资产"不属于存货。

【例1·单选】下列资产负债表项目中，应根据有关科目余额减去其备抵科目余额填列的是（　　）。（2017年）
A. 长期借款　　　B. 固定资产　　　C. 开发支出　　　D. 货币资金
【答案】B
【解析】选项A，应根据总账科目和明细账科目的余额分析计算填列；选项C，应根据有关明细科目的余额计算填列；选项D，应根据总账科目余额计算填列。

【例2·单选】下列各项中，应根据相关总账科目的余额直接在资产负债表中填列的是（　　）。（2017年）
A. 应付账款　　　B. 固定资产　　　C. 长期借款　　　D. 短期借款
【答案】D
【解析】选项A，根据有关明细科目的余额计算填列；选项B，根据有关科目余额减去其备抵科目余额填列；选项C，根据总账科目和明细账科目余额分析计算填列。

【例3·单选】2016年12月31日，A公司"预收账款"总账科目贷方余额为15万元，其明细科目余额如下："预收账款——B公司"科目贷方余额为25万元，"预收账款——C公司"科目借方余额为10万元。不考虑其他因素，A公司年末资产负债表中"预收款项"项目的期末余额为（　　）万元。（2017年）
A. 10　　　　　　B. 15　　　　　　C. 5　　　　　　D. 25

【答案】D

【解析】"预收款项"项目应当根据"预收账款"和"应收账款"科目所属各明细科目的期末贷方余额合计数填列。本题中"预收账款——C公司"是借方余额,不需要考虑,所以预收款项期末应当填列的金额为25万元。

【例4·单选】某企业采用实际成本法核算存货。年末结账后,该企业"原材料"科目借方余额为80万元。"工程物资"科目借方余额为16万元。"在途物资"科目借方余额为20万元。不考虑其他因素。该企业年末资产负债表"存货"项目的期末余额为( )万元。(2017年)

A. 116   B. 96   C. 100   D. 80

【答案】C

【解析】因工程物资不属于存货,故该企业资产负债表"存货"项目的期末余额=80+20=100(万元)。

【例5】2016年12月31日,甲公司有关科目余额如下:"工程物资"科目借方余额为90万元,"发出商品"科目借方余额为800万元,"生产成本"科目借方余额为300万元,"原材料"科目借方余额为100万元,"委托加工物资"科目借方余额为200万元,"材料成本差异"科目贷方余额为25万元,"存货跌价准备"科目贷方余额为100万元,"受托代销商品"科目借方余额为400万元,"受托代销商品款"科目贷方余额为400万元。则2016年12月31日,甲公司资产负债表中"存货"项目"期末余额"的列报金额=800+300+100+200-25-100+400-400=1 275(万元)。

第二节 利润表

一、利润表概述

考点1. 利润表的概念:是指反映企业在一定会计期间的<u>经营成果</u>的报表。

二、利润表的结构

考点1. 我国企业利润表采用的格式:<u>多步式</u>。

★★★考点2. 编制步骤:

第1步	<u>营业利润</u>=<u>营业收入</u>-<u>营业成本</u>-税金及附加-<u>销售费用</u>-<u>管理费用</u>-<u>财务费用</u>-资产减值损失+公允价值变动收益(-公允价值变动损失)+投资收益(-投资损失)
第2步	<u>利润总额</u>=营业利润+<u>营业外收入</u>-营业外支出
第3步	<u>净利润</u>=利润总额-<u>所得税费用</u>
第4步	以净利润(或亏损)为基础,计算每股收益
第5步	以净利润(或亏损)和其他综合收益(税后净额)为基础,计算综合收益总额

【注意】营业收入＝主营业务收入＋其他业务收入

营业成本＝主营业务成本＋其他业务成本

【例1·判断】企业利润表中的"综合收益总额"项目，应根据企业当年的"净利润"和"其他综合收益的税后净额"的合计数计算填列。（　　）（2017年）

【答案】√

【解析】本项目根据当年的净利润和其他综合收益的税后净额的合计数计算填列。

考点3. 填列内容：项目均需填列"本期金额"和"上期金额"两栏。

考点4. 上期金额的填列方法：应根据上年该期利润表的"本期金额"栏内所列数字填列。

考点5. 本期金额的填列方法：除"基本每股收益"和"稀释每股收益"项目外，应当按相关科目的<u>发生额</u>分析填列。

【总结】资产负债表是根据"余额"填列；利润表是根据"发生额"填列。

【例2·单选】下列各项中，不属于企业利润表项目的是（　　）。（2017年）

A. 综合收益总额　　　　B. 公允价值变动收益

C. 每股收益　　　　　　D. 未分配利润

【答案】D

【解析】未分配利润属于资产负债表中的所有者权益项目。

【例3·单选】下列各项中，不影响企业当期营业利润的是（　　）。（2017年）

A. 资产负债表日持有交易性金融资产的公允价值变动

B. 销售原材料取得的收入

C. 无法查明原因的现金溢余

D. 资产负债表日计提的存货跌价准备

【答案】C

【解析】无法查明原因的现金溢余计入营业外收入，不影响营业利润。

【例4·单选】2016年12月31日，某企业进行现金清查，发现库存现金短款300元。经批准，应由出纳员赔偿180元，其余120元无法查明原因，由企业承担损失。不考虑其他因素，该业务对企业当期营业利润的影响金额为（　　）元。（2017年）

A. 0　　　　　　　　　B. 120

C. 180　　　　　　　　D. 300

【答案】B

【解析】企业发生现金短缺，在报经批准处理前：

借：待处理财产损溢　　　　　　　　　　　　　　300
　　贷：库存现金　　　　　　　　　　　　　　　　　　300
报经批准处理后：
借：管理费用　　　　　　　　　　　　　　　　120
　　其他应收款　　　　　　　　　　　　　　　　180
　　贷：待处理财产损溢　　　　　　　　　　　　　　　300
无法查明原因的现金短缺120元计入管理费用，减少企业的营业利润。

第三节　所有者权益变动表

一、所有者权益变动表概述

★**考点1．所有者权益变动表的概念**：是指反映所有者权益各组成部分当期增减变动情况的报表。

【例1·判断】所有者权益变动表是反映企业当期所有者权益各构成部分增减变动情况的报表。（　　）（2017年）
【答案】√
【解析】所有者权益变动表反映所有者权益各组成部分当期增减变动情况。

二、所有者权益变动表的结构

★**考点1．企业至少应当单独列示反映下列信息的项目**：
（1）综合收益总额；
（2）会计政策变更和差错更正的累积影响金额；
（3）所有者投入资本和向所有者分配利润等；
（4）提取的盈余公积；
（5）实收资本或资本公积、盈余公积、未分配利润的期初和期末余额及其调节情况。

第四节　附注

一、附注概述

考点1．附注的概念：是对资产负债表、利润表、现金流量表、所有者权益变动表等报表中列示项目的文字描述或明细资料，以及对未能在这些报表中列示项目的说明等。

【注意】附注与资产负债表、利润表、现金流量表、所有者权益变动表等报表具有同等的重要性，是财务报表的重要组成部分。

考点 2. 附注的主要内容：

（1）企业的基本情况；

（2）财务报表的编制基础；

（3）遵循企业会计准则的声明；

（4）重要会计政策和会计估计；

（5）会计政策和会计估计变更以及差错更正的说明；

（6）报表重要项目的说明；

（7）或有事项和承诺事项、资产负债表日后非调整事项、关联方关系及其交易等需要说明的事项；

（8）有助于财务报表使用者评价企业管理资本的目标、政策及程序的信息。

【注意】以上内容：重要的，披露；不重要的，可以不披露。

【例 1·不定项】A 公司为增值税一般纳税人，适用的增值税税率为 17%，所得税税率为 25%，假定销售商品、原材料和提供劳务均符合收入确认条件，其成本在确认收入时逐笔结转，商品、原材料售价中不含增值税。2016 年 A 公司发生如下交易或事项：

（1）3 月 2 日，向 B 公司销售商品一批，按商品标价计算的金额为 200 万元，该批商品实际成本为 150 万元。由于是成批销售，A 公司给予 B 公司 10% 的商业折扣并开具了增值税专用发票，并在销售合同中规定现金折扣条件为 2/10，1/20，N/30，A 公司已于当日发出商品，B 公司于 3 月 15 日付款，假定计算现金折扣时不考虑增值税。

（2）5 月 5 日，A 公司由于产品质量原因对上年出售给 C 公司的一批商品按售价给予 10% 的销售折让，该批商品售价为 300 万元。增值税税额为 51 万元。货款已结清。经认定，同意给予折让并以银行存款退还折让款，同时开具红字增值税专用发票。

（3）9 月 20 日，销售一批材料，增值税专用发票上注明的售价为 15 万元，增值税税额为 2.55 万元。款项已由银行收妥。该批材料的实际成本为 10 万元。

（4）10 月 5 日，承接一项设备安装劳务，合同期为 6 个月，合同总收入为 120 万元，已经预收 80 万元。余款在设备安装完成时收回。采用完工百分比法确认劳务收入，完工率按照已发生成本占估计总成本的比例确定。至 2014 年 12 月 31 日已发生的成本为 50 万元，预计完成劳务还将发生成本 30 万元。（不考虑安装劳务增值税）

（5）11 月 10 日，向本公司行政管理人员发放自产产品作为福利。该批产品的实际成本为 8 万元，市场售价为 10 万元。

（6）12 月 20 日，收到国债利息收入 59 万元，以银行存款支付销售费用 5.5 万元，支付税收滞纳金 2 万元。

要求：根据上述资料，不考虑其他因素，分析回答下列小题。（答案中的金额单位用万元表示）（2015 年）

1. 根据资料（1），下列各项中，会计处理结果正确的是（　　）。

A. 3 月 2 日，A 公司应确认销售商品收入 180 万元

B. 3 月 2 日，A 公司应确认销售商品收入 176 万元

C. 3 月 15 日，A 公司应确认财务费用 2 万元

D. 3月15日，A公司应确认财务费用1.8万元

【答案】AD

【解析】3月2日：

借：应收账款	210.6	
贷：主营业务收入		180
应交税费——应交增值税（销项税额）		30.6
借：主营业务成本	150	
贷：库存商品		150

3月15日：

借：银行存款	208.8	
财务费用	1.8	
贷：应收账款		210.6

2. 根据资料（2）至（5），下列各项中，会计处理正确的是（　　）。

A. 5月5日，A公司发生销售折让时的会计分录：

借：主营业务收入	30	
应交税费——应交增值税（销项税额）	5.1	
贷：银行存款		35.1

B. 9月20日，A公司销售材料时的会计分录：

借：银行存款	17.55	
贷：其他业务收入		15
应交税费——应交增值税（销项税额）		2.55
借：其他业务成本	10	
贷：原材料		10

C. 11月10日，A公司向本公司行政管理人员发放自产产品时的会计分录：

借：管理费用	11.7	
贷：应付职工薪酬		11.7
借：应付职工薪酬	11.7	
贷：主营业务收入		10
应交税费——应交增值税（销项税额）		1.7
借：主营业务成本	8	
贷：库存商品		8

D. 12月31日，A公司确认劳务收入，结转劳务成本的会计分录：

借：预收账款	75	
贷：主营业务收入		75
借：主营业务成本	50	
贷：劳务成本		50

【答案】ABCD

【解析】选项D，完工百分比＝50/(50＋30)×100%＝62.5%，应确认劳务收入＝120×62.5%＝75（万元），应结转已发生的劳务成本50万元。

3.根据资料（1）至（5），A公司2014年度利润表中"营业收入"的金额是（　　）万元。

  A. 225　　　　　B. 235　　　　　C. 250　　　　　D. 280

【答案】C

【解析】营业收入＝180－30＋15＋75＋10＝250（万元）。

4.根据资料（1）至（5），A公司2014年度利润表中"营业成本"的金额是（　　）万元。

  A. 168　　　　　B. 200　　　　　C. 208　　　　　D. 218

【答案】D

【解析】营业成本＝150＋10＋50＋8＝218（万元）。

5.根据资料（1）至（6），下列各项中，关于A公司2014年期间费用和营业利润计算结果正确的是（　　）。

  A. 期间费用为7.3万元

  B. 期间费用为19万元

  C. 营业利润为13万元

  D. 营业利润为72万元

【答案】BD

【解析】期间费用＝1.8（资料1）＋11.7（资料5）＋5.5（资料6）＝19（万元）；营业利润＝250－218－19＋59（资料6）＝72（万元）。

阶段3测评

第四阶段学习方案

学习方案一

承第三阶段学习方案一				
阶段—模块	学习、复习内容	检测	完成日期	定制调整内容
4-59	学习第七章第一节	—		
4-60	学习第七章第一、第二节	—		
4-61	学习第七章第三节	—		
4-62	学习第七章第三节	—		
4-63	学习第七章第三节	—		
4-64	学习第七章第三节 复习第七章前三节	4-1		
4-65	学习第七章第四节	—		
4-66	学习第七章第四节	—		
4-67	学习第八章第一节	—		
4-68	学习第八章第二节	—		
4-69	学习考霸手稿	—		
4-70	完成模拟试卷 复习全书内容	线上诊断		

学习方案二

承第三阶段学习方案二				
阶段—模块	学习、复习内容	检测	完成日期	定制调整内容
4-41	学习第七章第一节	—		
4-42	学习第七章第一、第二节	—		
4-43	学习第七章第三节	—		
4-44	学习第七章第三节	—		
4-45	学习第七章第三节 复习第七章前三节	4-1		
4-46	学习第七章第四节	—		
4-47	学习第八章第一节	—		
4-48	学习第八章第二节	—		
4-49	学习考霸手稿	—		
4-50	完成模拟试卷 复习全书内容	线上诊断		

学习方案三

阶段—模块	学习、复习内容	检测	完成日期	定制调整内容
承第三阶段学习方案三				
4-22	学习第七章第一节	—		
4-23	学习第七章第一、第二节	—		
4-24	学习第七章第三节	—		
4-25	学习第七章第三节 复习第七章前三节	4-1		
4-26	学习第七章第四节	—		
4-27	学习第八章第一节	—		
4-28	学习第八章第二节	—		
4-29	学习考霸手稿	—		
4-30	完成模拟试卷 复习全书内容	线上诊断		

第四阶段通关宝典

第七章 管理会计基础

本章考情分析

本章新增了管理会计的基础内容，介绍了企业产品成本核算中各项生产费用的归集和分配，以及生产费用在完工产品和在产品之间的归集和分配。本章内容属于考试重点，四种题型均可成为考核点。从历年考试情况来看，考生尤其需注意各要素费用的归集和分配，以及生产费用在完工产品和在产品之间的归集和分配的相关知识。学习本章内容时考生需加强计算方面的练习，提高动手能力。

题型 \ 年份	2013年		2014年		2015年		2016年		2017年	
	数量	分值	数量	分值	数量	分值	数量	分值	数量	分值
单选题	3	4.5	3	4.5	2	3	1	1.5	2	3
多选题	2	4	1	2	2	4	—	—	2	4
判断题	2	2	2	2	2	2	—	—	1	1
不定项选择题	—	—	—	—	—	—	5	10	—	—
合计	7	10.5	6	8.5	6	9	6	11.5	5	8

第一节 管理会计概述

（2018年新增内容）

一、管理会计概念与管理会计体系

★**考点1．概念**：主要服务<u>企业内部</u>，在规划、决策、控制、评价等发挥作用的管理活动。

★**考点2．目标**：运用管理会计工具方法，参与规划、决策、控制、评价活动并提供信息，推动实现<u>战略规划</u>。

考点3．我国管理会计体系建设的任务和措施：
（1）推进<u>理论</u>体系建设；
（2）推进<u>指引</u>体系建设；
（3）推进<u>人才</u>队伍建设；
（4）推进<u>信息</u>系统建设。

二、管理会计指引体系

★考点1．概念：是指在管理会计理论研究成果的基础上，形成的<u>可操作性</u>的系列标准。包括：<u>基本指引</u>、<u>应用指引</u>、<u>案例库</u>。

考点2．基本指引的定位和作用：在指引体系中起统领作用。
（1）是制定应用指引和建设案例库的<u>基础</u>；
（2）是对管理会计基本内容的<u>总结</u>、提炼。

★考点3．管理会计应用原则：
（1）<u>战略导向</u>原则；
（2）<u>融合性</u>原则；
（3）<u>适应性</u>原则；
（4）<u>成本效益</u>原则。
【注意】管理会计应用主体视管理决策主体确定，可以是单位整体，也可以是内部责任中心。

★考点4．四项管理会计要素：
（1）应用<u>环境</u>（基础）；
（2）管理会计<u>活动</u>（具体开展）；
（3）工具<u>方法</u>（具体手段）；
（4）信息与<u>报告</u>（成果）。

三、货币时间价值

★★考点1．概念：是指一定量的货币<u>不同时点</u>的价值量差额。
【注意1】其本质是：进入社会再生产过程后的<u>价值增值</u>。
【注意2】它通常是指<u>没有风险</u>也<u>没有通货膨胀</u>情况下的社会平均利润率。

考点2．终值和现值：

分类	定义
终值	又称将来值，是现在的货币折算到<u>未来</u>某一时点的金额
现值	未来某一时点上的货币折算到<u>现在</u>的金额
单利	按照固定的本金计息
复利	不仅对本金计息，还对利息计息
年金	指<u>间隔期相等</u>的系列等额收付款 包括： （1）<u>普通</u>年金（后付） （2）<u>预付</u>年金（先付） （3）<u>递延</u>年金 （4）<u>永续</u>年金

★★★ 考点3. 复利终值和现值的计算：

I为利息；F为终值；P为现值；A为年金值；i为利率（折现率）；n为计算利息的期数。

（1）**复利终值**的计算公式：

$$F = P(1+i)^n = P(F/P, i, n)$$

式中，$(1+i)^n$为复利终值系数，记作（**F/P, i, n**）；n为计算利息的期数。

【例1】某人将10 000元存入银行，年利率2%，求10年后的终值。已知（F/P，2%，10）=1.2190。

$F=P(1+i)^n = 10\,000 \times (1+2\%)^{10} = 12\,190$（元）

（2）**复利现值**的计算公式：

$$P = F/(1+i)^n = F(P/F, i, n)$$

式中，$1/(1+i)^n$为复利现值系数，记作（**P/F, i, n**）；n为计算利息的期数。

【注意】
① 复利终值和复利现值互为**逆运算**；
② 复利终值系数和复利现值系数互为**倒数**。

【例2】某人为了10年后从银行取出10 000元，在年利率2%的情况下，求当前应存入的金额。已知（P/F，2%，10）=0.8203。

$P = F(1+i)^n = 10\,000 \times (1+2\%)^{10} = 10\,000 \times 0.8203 = 8\,203$（元）

★★★ 考点4. 年金终值和现值的计算：

（1）**年金终值**：

① 普通年金终值的计算公式为：

$$F_A = A \times \frac{(1+i)^n - 1}{i} = A(F/A, i, n)$$

式中，$\frac{(1+i)^n - 1}{i}$称为"**年金终值系数**"，记作（**F/A, i, n**）。

【例3】李先生是位热心于公益事业的人，自2009年12月底开始，他每年都要向一位失学儿童捐款1 000元，帮助这位失学儿童从小学一年级读完九年义务教育。假设每年定期存款利率都是2%，则李先生9年的捐款在2017年年底相当于多少钱？已知（F/A，2%，9）=9.7546。

$F_A = 1\,000 \times$（F/A，2%，9）$= 1\,000 \times 9.7546 = 9\,754.6$（元）

② **预付年金终值**的计算公式：

$$F_A = A \times \frac{(1+i)^n - 1}{i} \times (1+i) = A(F/A, i, n)(1+i)$$

或者：$F_A = A[(F/A, i, n+1) - 1]$

【例4】为给女儿上大学准备资金，李先生连续10年于每年年初存入银行10 000元。若银行存款年利率为2%，则李先生在第10年年末能一次取出本利和多少钱？已知$(F/A, 2\%, 10) = 10.950$。

$F_A = A(F/A, i, n)(1+i)$
$= 10\,000 \times (F/A, 2\%, 10) \times (1 + 2\%)$
$= 10\,000 \times 10.950 \times 1.02 = 111\,690$（元）

（2）年金现值

①普通年金现值计算公式为：

$$P_A = A \times \frac{1-(1+i)^{-n}}{i} = A(P/A, i, n)$$

式中，$\frac{1-(1+i)^{-n}}{i}$ 称为"年金现值系数"，记作$(P/A, i, n)$。

【例5】某投资项目于2017年年初动工，假设当年投产，从投产之日起每年年末可得收益100 000元，按年利率5%计算，计算预期5年收益的现值，已知$(P/A, 5\%, 5) = 4.3295$。

$P_A = A(P/A, i, n)$
$= 100\,000 \times (P/A, 5\%, 5)$
$= 100\,000 \times 4.3295 = 432\,950$（元）

②预付年金现值的计算公式：

$P_A = A(P/A, i, n)(1+i)$
$= A[(P/A, i, n-1) + 1]$

【例6】某公司2017年年底租入一套办公用房，按照租赁合同须自2018年起于每年年初向出租房支付100 000元租金。假设银行利率为2%，计算预期5年租金的现值。已知$(P/A, 2\%, 5) = 4.7135$。

$P_A = A \times (P/A, i, n) \times (1+i)$
$= 100\,000 \times (P/A, 2\%, 5) \times (1 + 2\%)$
$= 100\,000 \times 4.7135 \times 1.02$
$= 480\,777$（元）

③永续年金现值计算公式：

$P_A = A/i$

【例7】某企业家在一西部地区某县城关中学设立奖学金。奖学金每年发放一次，奖励每年县高考的文理科状元各10 000元。奖学金的基金保存在中国农业银行该县支行。银行一年的定期存款利率为2%。问该企业家要投资多少钱作为奖励基金？

由于每年都要拿出20 000元，因此奖学金的性质是一项永续年金，其现值应为：

$P_A = 20\,000/2\% = 1\,000\,000$（元）

也就是说，该企此家要存入1 000 000元作为基金，才能保证这一奖学金的成功运行。

★★考点5. **年偿债基金**、**年资本回收额**的计算：

（1）<u>年偿债基金</u>计算公式：

$$A = F_A \times \frac{i}{(1+i)^n - 1}$$

式中 $\frac{i}{(1+i)^n - 1}$ 称为"<u>偿债基金系数</u>"，记作（A/F, i, n），<u>与年金终值系数互为倒数</u>。

（2）<u>年资本回收额</u>的计算公式：

$$A = P_A \times \frac{i}{1-(1+i)^{-n}}$$

式中 $\frac{i}{1-(1+i)^{-n}}$ 称为"<u>资本回收系数</u>"，记作（A/P, i, n），<u>与年金现值系数互为倒数</u>。

★★考点6. **名义利率与实际利率**：

（1）<u>一年多次</u>计息时：$i = (1 + r/m)^m - 1$

（2）<u>通货膨胀</u>下：实际利率 $= \dfrac{1 + 名义利率}{1 + 通货膨胀率} - 1$

【例8】年利率为12%，按季复利计息，试求实际利率。

$i = (1 + r/m)^m - 1 = (1 + 12\%/4)^4 - 1 = 1.1255 - 1 = 12.55\%$

【例9】某年我国商业银行一年期存款年利率为3%，假设通货膨胀率为2%，则实际利率为多少？

实际利率 $=(1+3\%)/(1+2\%)-1=0.98\%$

第二节　产品成本核算概述

一、产品成本核算的要求
★★考点1．成本核算的要求：
（1）做好各项基础工作；
（2）正确划分各种费用支出的界限：
①收益性支出和资本性支出；
②成本费用、期间费用和营业外支出；
③本期费用与以后期间费用；
④各种产品成本费用；
⑤本期完工产品与期末在产品成本。
（3）根据生产特点和管理要求，选择适当的成本计算方法；
（4）遵守一致性原则；
（5）编制产品成本报表。

【例1·判断】企业应当根据其生产经营的特点、生产经营组织类型和成本管理要求，选择恰当的成本计算对象，确定成本计算方法。（　　）
【答案】√
【解析】产品成本的计算，关键是选择恰当的产品成本计算方法。产品成本计算的方法必须根据产品的生产特点、管理要求及工艺过程等予以确定。

二、产品成本核算对象
考点1．成本核算对象的确定：

情形	成本核算对象
（1）大量大批单步骤或不要求分步的	产品品种
（2）分批、单件生产的产品	每批或每件产品
（3）多步骤连续加工的产品	每种产品及各生产步骤
（4）规格繁多的产品	合并结构、原材料和工艺相同的产品

三、产品成本项目
★考点1．产品成本项目的设置： 对制造企业而言，一般可设置以下科目。
（1）直接材料；
（2）直接人工；
（3）制造费用；
（4）燃料及动力。

第三节　产品成本的归集和分配

一、产品成本
考点1．产品成本归集和分配的基本原则：
（1）**受益性**；（2）**及时性**；（3）**成本效益性**；（4）**基础性**；（5）**管理性**。

二、要素费用的归集和分配
考点1．成本核算的科目设置：
（1）**生产成本**——基本生产成本
　　　　　　　——辅助生产成本
（2）**制造费用**：是指应计入产品成本但未设成本项目的**间接生产费用**。
【注意】除季节性生产外，"制造费用"科目期末应无余额。

三、材料、燃料、动力的归集和分配
★★**考点1．材料、燃料、动力的归集和分配：**

（1）直接计入**生产成本**		发生的直接材料，能够直接计入成本核算对象的
		生产部门直接用于生产的燃料和动力
（2）计入**制造费用**		生产部门**间接**用于生产（如照明、取暖）的燃料和动力
（3）**直接**计入**直接材料**		对于**直接**用于产品生产、构成产品实体的原材料
（4）需分配计入**直接材料**	①按实际分配率分配	a.**分配率**＝消耗总额／分配标准（如生产工时等） b.**某产品负担的费用**＝该产品耗用的生产工时等×分配率
	②按定额比例分配	a.**某产品材料定额消耗量**＝实际产量×单位材料消耗定额 b.**分配率**＝材料实际总消耗量／材料定额消耗量之和 c.**某产品应分配的费用**＝该产品定额消耗量×分配率×单价

【注意】在消耗定额比较准确的情况下，原材料、燃料也可按照产品的材料定额消耗量比例或材料定额费用比例进行分配。

【例1·单选】A企业本月投产甲产品50件，乙产品100件，生产甲乙两种产品共耗用材料4 500千克，每千克20元，每件甲、乙产品材料消耗定额为50千克、15千克，按材料定额消耗量比例分配材料费用，甲产品分配的材料费用为（　　）元。（2017年）
A. 50 000　　　　B. 33 750　　　　C. 30 000　　　　D. 56 250
【答案】D
【解析】甲产品应分配的材料费用＝50×50×［4 500／（50×50＋100×15）］×20＝56 250（元）

四、职工薪酬的归集和分配

考点1．职工薪酬：是企业发生的各种直接和间接**人工费用**的总和。

★★考点2．生产工人职工薪酬的分配：
（1）**直接**进行产品生产工人的薪酬：**直接计入产品成本**的"**直接人工**"项目；
（2）**不能直接**计入的：按工时、产品产量、产值比例等方式进行**合理分配**，计入各有关产品成本的"**直接人工**"成本项目。

【例2】甲企业基本生产车间生产A、B两种产品，共发生生产工人职工薪酬2 700万元，按生产工时比例分配，A产品的生产工时为500小时，B产品的生产工时为400小时。
生产职工薪酬费用分配率＝2 700÷（500＋400）＝3（万元/小时）
A产品应分配的职工薪酬＝500×3＝1 500（万元）
B产品应分配的职工薪酬＝400×3＝1 200（万元）

五、辅助生产费用的归集和分配

考点1．费用的归集：
（1）**先记入**"**制造费用**"科目，再转入"**辅助生产成本**"科目。
（2）规模很小、制造费用很少的车间，**可直接记入**"**辅助生产成本**"科目。

★考点2．分配方法（通常采用以下几种）：
（1）**直接**分配法；
（2）**交互**分配法；
（3）**计划成本**分配法；
（4）**顺序**分配法；
（5）**代数**分配法。

【例3·多选】下列各项中，属于辅助生产费用分配方法的有（　　　）。（2017年）
A．代数分配法　　　　　　　　　B．交互分配法
C．计划成本分配法　　　　　　　D．直接分配法
【答案】ABCD

★★★考点3．直接分配法（不对内分配，只对外分配）：

（1）特点	将辅助生产费用**直接分配**给辅助生产以外的各受益单位
（2）优缺点	**优点**：各辅助生产费用只对外分配一次，计算简单 **缺点**：分配的结果不够准确
（3）适用范围	辅助车间互相提供产品和劳务不多、不进行费用交互分配、**对成本影响不大**的情况

【例4】假定甲工厂设有机修和供电两个辅助生产车间。2×17年5月在分配辅助生产费用以前，机修车间发生费用1 200万元，按修理工时分配费用（假定不存在固定资产后续支出资本化问题），提供修理工时5 000小时，其中，供电车间200小时，其他车间耗用工时见下表；供电车间发生费用2 400万元，按耗电度数分配费用，提供供电度数2 000万度，其中，机修车间耗用400万度，其他车间耗电度数见下表。

辅助生产费用分配表
（直接分配法）
2×17年5月

甲工厂　　　　　　　　　　　　　数量单位：小时、万度　金额单位：万元

辅助生产车间名称		机修车间		供电车间		合计
		修理工时	修理费用	供电度数	供电费用	
待分配辅助生产费用及劳务数量		4 800	1 200	1 600	2 400	3 600
费用分配率（万元/小时、万元/万度）			0.25		1.5	
基本生产车间耗用（计入"制造费用"科目）	第一车间	3 000	750	900	1 350	2 100
	第二车间	1 200	300	400	600	900
	小计	4 200	1 050	1 300	1 950	3 000
行政管理部门耗用（计入"管理费用"科目）		400	100	200	300	400
销售部门耗用（计入"销售费用"科目）		200	50	100	150	200
合计		4 800	1 200	1 600	2 400	3 600

根据上表，编制下列会计分录：
借：制造费用——第一车间　　　　　　　　21 000 000
　　　　　　——第二车间　　　　　　　　 9 000 000
　　管理费用　　　　　　　　　　　　　　 4 000 000
　　销售费用　　　　　　　　　　　　　　 2 000 000
　贷：生产成本——辅助生产成本——机修车间　12 000 000
　　　　　　　　　　　　　　——供电车间　24 000 000

★★考点4. 交互分配法（先对内分配，再对外分配）：

①按供应劳务总量进行交互分配
A辅助生产车间　⇄　B辅助生产车间

②按对外供应的劳务数量分配（分配交互分配后的费用）　②按对外供应的劳务数量分配（分配交互分配后的费用）

↓
辅助生产车间以外的单位

(1) 特点	辅助生产费用通过<u>两次分配</u>完成
(2) 优缺点	<u>优点</u>：提高了分配的正确性 <u>缺点</u>：加大了分配的工作量

【注意1】对内交互分配率＝辅助生产费用总额／辅助生产提供的总产品或劳务总量

【注意2】对外分配率＝（交互分配前的成本费用＋交互分配转入的成本费用－交互分配转出的成本费用）／对辅助生产以外的其他部门提供的产品或劳务总量）

【例5—接例4】采用交互分配法分配其辅助生产费用，其辅助生产费用分配表如下表所示。

辅助生产费用分配表
（交互分配法）
2×17年5月

甲工厂　　　　　　　　　　　　　　　　　　数量单位：小时、万度
　　　　　　　　　　　　　　　　　　　　　金额单位：万元

辅助生产车间名称	交互分配			对外分配		
	机修	供电	合计	机修	供电	合计
待分配辅助生产费用	1 200	2 400	3 600	1 632＝1 200＋480－48	1 968＝2 400＋48－480	3 600
供应劳务数量	5 000	2 000		4 800	1 600	
费用分配率 （万元／小时、万元／万度）	0.24	1.2		0.34	1.23	
辅助生产车间耗用（计入"辅助生产成本"科目）	机修车间	耗用量		400		
		分配金额		480	480	
	供电车间	耗用量	200			
		分配金额	48		48	
	分配金额小计		48	480	528	
基本生产车间耗用（计入"制造费用"科目）	第一车间	耗用量			3 000	900
		分配金额			1 020	1 107	2 127
	第二车间	耗用量			1 200	400
		分配金额			408	492	900
	分配金额小计				1 428	1 599	3 027
行政部门耗用（计入"管理费用"科目）	耗用量				400	200	
	分配金额				136	246	382
销售部门耗用（计入"销售费用"科目）	耗用量				200	100	
	分配金额				68	123	191
合计							3 600

根据上表，编制下列会计分录：

①交互分配（对内分配）：

借：生产成本——辅助生产成本——机修车间　　4 800 000
　　　　　　　　　　　　　　——供电车间　　 480 000
　贷：生产成本——辅助生产成本——机修车间　　 480 000
　　　　　　　　　　　　　　——供电车间　　4 800 000

②对外分配：

借：制造费用——第一车间　　　　　　　　　21 270 000
　　　　　　——第二车间　　　　　　　　　　9 000 000
　　管理费用　　　　　　　　　　　　　　　　3 820 000
　　销售费用　　　　　　　　　　　　　　　　1 910 000
　　贷：生产成本——辅助生产成本——机修车间　　16 320 000
　　　　　　　　　　　　　　　——供电车间　　19 680 000

★**考点5. 计划成本分配法：**

(1) 特点	①辅助生产提供的劳务，都<u>按计划单位成本分配</u> ②辅助生产车间与计划单位成本分配费用<u>差额计入"管理费用"</u>
(2) 优缺点	**优点**：便于考核和分析成本，利于分清经济责任 **缺点**：成本分配<u>不够准确</u>
(3) 适用范围	辅助生产劳务计划单位成本<u>较准确的</u>企业

【注意】辅助生产成本与计划成本的差异计入"管理费用"。

【例6—接例4】假定机修车间每修理工时耗费2 500元，供电车间每万度电耗费1.18万元。辅助生产费用分配表如下表所示。

辅助生产费用分配表
（计划成本分配法）

甲工厂　　　　　　　　2×17年5月　　　　　　数量单位：小时、万度
　　　　　　　　　　　　　　　　　　　　　　　金额单位：万元

辅助生产车间名称			机修车间	供电车间	合计
待分配辅助生产费用			1 200	2 400	3 600
计划单位成本（万元/小时、万元/万度）			0.25	1.18	
辅助生产车间耗用（计入"辅助生产成本"科目）	机修车间	耗用量		400	
		分配金额		472	472
	供电车间	耗用量	200		
		分配金额	50		50
	小计		50	472	522
基本生产车间耗用（计入"制造费用"科目）	第一车间	耗用量	3 000	900	
		分配金额	750	1 062	1 812
	第二车间	耗用量	1 200	400	
		分配金额	300	472	772
	小计		1 050	1 534	2 584
行政部门耗用（计入"管理费用"科目）		耗用量	400	200	
		分配金额	100	236	336
销售部门耗用（计入"销售费用"科目）		耗用量	200	100	
		分配金额	50	118	168
按计划成本分配金额合计			1 250＝50＋1 050＋100＋50	2 360＝472＋1 534＋236＋118	3 610
辅助生产实际成本			1 672	2 450	4 122
辅助生产成本差异			＋422	＋90	＋512

编制下列会计分录：
（1）按计划成本分配：

借：辅助生产成本——机修车间　　　　　　　　　　　4 720 000
　　　　　　　　——供电车间　　　　　　　　　　　　500 000
　　制造费用——第一车间　　　　　　　　　　　　　18 120 000
　　　　　　——第二车间　　　　　　　　　　　　　　7 720 000
　　管理费用　　　　　　　　　　　　　　　　　　　　3 360 000
　　销售费用　　　　　　　　　　　　　　　　　　　　1 680 000
　　贷：辅助生产成本——机修车间　　　　　　　　　　　　12 500 000
　　　　　　　　　——供电车间　　　　　　　　　　　　　23 600 000

（2）辅助生产成本差异按规定计入"管理费用"：

借：管理费用　　　　　　　　　　　　　　　　　　　　5 120 000
　　贷：辅助生产成本——机修车间　　　　　　　　　　　　4 220 000
　　　　　　　　　——供电车间　　　　　　　　　　　　　900 000

★ **考点6. 顺序分配法（也称梯形分配法）：**

受益少的辅助生产车间
　①按供应劳务总量分配
　→ 受益多的辅助生产车间
　　②按对外供应劳务数量分配
　　→ 辅助生产车间以外的单位

（1）特点	按辅助生产车间受益多少的<u>顺序分配</u>费用： ①<u>受益少的先分配，受益多的后分配</u> ②<u>先分配的不负担后分配的费用</u>
（2）适用范围	辅助生产车间相互<u>受益程度有明显顺序</u>的企业

【例7·判断】企业采用顺序分配法分配辅助生产费用时，受益多的辅助生产车间先分配，受益少的辅助生产车间后分配。（　　）（2017年）

【答案】×

【解析】企业采用顺序分配法分配辅助生产费用时，受益少的辅助生产车间先分配，受益多的辅助生产车间后分配。

【例8—接例4】 由于供电车间耗用的劳务费用（1 200÷500×20＝48）少于机修车间耗用的劳务费用（2 400÷20×4＝480），因此，供电车间应先分配费用。具体如下表所示。

辅助生产费用分配表
（顺序分配法）

甲工厂　　　　　　2×17年5月　　　　　数量单位：小时、万度
　　　　　　　　　　　　　　　　　　　金额单位：万元

科目	辅助生产成本						制造费用				管理费用		销售费用		分配金额合计
	供电车间			机修车间			第一车间		第二车间						
车间部门	劳务数量	待分配费用	分配率	劳务数量	待分配费用	分配率	耗用数量	耗用金额	耗用数量	耗用金额	耗用数量	耗用金额	耗用数量	耗用金额	
	2 000	2 400		5 000	1 200										
分配供电费用	−2 000	−2400	1.2	400	480		900	1 080	400	480	200	240	100	120	2 400
		修理费用合计			1 680										
		分配修理费用		4 800	—	0.35	3 000	1 050	1 200	420	400	140	200	70	1 680
					分配金额合计		2 130		900		380		190		3 600

编制下列会计分录：

（1）分配供电费用：

借：生产成本——辅助生产成本——机修车间　　　4 800 000
　　制造费用——第一车间　　　　　　　　　　　10 800 000
　　　　　　——第二车间　　　　　　　　　　　 4 800 000
　　管理费用　　　　　　　　　　　　　　　　　 2 400 000
　　销售费用　　　　　　　　　　　　　　　　　 1 200 000
　　贷：生产成本——辅助生产成本——供电车间　　　　　24 000 000

（2）分配修理费用：

借：制造费用——第一车间　　　　　　　　　　　10 500 000
　　　　　　——第二车间　　　　　　　　　　　 4 200 000
　　管理费用　　　　　　　　　　　　　　　　　 1 400 000
　　销售费用　　　　　　　　　　　　　　　　　　 700 000
　　贷：生产成本——辅助生产成本——机修车间　　　　　16 800 000

考点7. 代数分配法：

（1）特点	先根据解<u>联立方程</u>的原理，计算辅助生产劳务或产品的单位成本，然后根据各受益单位耗用的数量和单位成本分配辅助生产费用
（2）优缺点	优点：有关费用的分配结果<u>最正确</u> 缺点：在辅助生产车间较多的情况下，未知数也较多，<u>计算工作比较复杂</u>
（3）适用范围	已经<u>实现电算化</u>的企业

【例9—接例4】辅助生产费用分配表如下表所示。假设X＝每小时修理成本，Y＝每万度电耗用成本，设立联立方程如下：

$$\begin{cases} 1\,200 + 400Y = 5\,000X \\ 2\,400 + 200X = 2\,000Y \end{cases}$$

解得：X ≈ 0.33871
　　　Y ≈ 1.23387

辅助生产费用分配表
（代数分配法）

甲工厂　　　　　　2×17年5月　　　　　数量单位：小时、万度　　金额单位：万元

辅助生产车间名称			机修车间	供电车间	合计
待分配辅助生产费用			1 200	2 400	3 600
供应劳务数量			500	2 000	
用代数算出的实际单位成本			0.33871	1.23387	
辅助生产车间耗用（计入"辅助生产成本"科目）	机修车间	耗用量		400	
		分配金额		493.55	493.55
	供电车间	耗用量	200		
		分配金额	67.74		67.74
	小计		67.74	493.55	561.29
基本生产车间耗用（计入"制造费用"科目）	第一车间	耗用量	3 000	900	
		分配金额	1 016.13	1 110.48	2 126.61
	第二车间	耗用量	1 200	400	
		分配金额	406.45	493.55	900
	小计		1 422.58	1 604.03	3 026.61
行政耗用部门（计入"管理费用"科目）	耗用量		400	200	
	分配金额		135.48	246.77	382.25
销售部门耗用（计入"销售费用"科目）	耗用量		200	100	
	分配金额		67.74	123.39	191.13
合计			1 693.55	2 467.74	4 161.29

编制如下会计分录：

借：辅助生产成本——机修车间　　　　　　4 935 500
　　　　　　　　——供电车间　　　　　　　677 400
　　制造费用——第一车间　　　　　　　21 266 100
　　　　　　——第二车间　　　　　　　　9 000 000
　　管理费用　　　　　　　　　　　　　　3 822 500
　　销售费用　　　　　　　　　　　　　　1 911 300
　贷：辅助生产成本——机修车间　　　　　16 935 500
　　　　　　　　——供电车间　　　　　　24 677 400

六、制造费用的归集和分配

★★考点1．制造费用的归集：

（1）车间物料消耗；

（2）车间管理人员薪酬；

（3）车间管理用房屋和设备的折旧费/租赁费/保险费；

（4）车间管理用具摊销；

（5）车间管理用的照明费/水费/取暖费/劳动保护费/设计制图费/差旅费/办公费；

（6）季节性及修理期间停工损失等。

【例10·多选】某企业为生产多种产品的制造企业，下列各项中，通过"制造费用"科目核算的有（　　）。（2017年）

A．车间房屋和机器设备的折旧费

B．生产工人的工资和福利费

C．支付用于产品生产的材料费用

D．季节性停工损失

【答案】AD

【解析】选项B、C计入"生产成本"科目。

★★考点2．制造费用的分配：

分配方法	适用范围
（1）生产工人工时比例法	常用分配方法
（2）生产工人工资比例法	机械化程度相差不多的企业
（3）机器工时比例法	机械化程度较高的车间
（4）年度计划分配率分配法	季节性生产企业

考点3．制造费用常用计算公式：

（1）制造费用分配率＝制造费用总额÷各产品分配标准之和

（2）某种产品应分配的制造费用＝该种产品分配标准×制造费用分配率

【例11·单选】A企业本月生产甲、乙产品分别耗用机器工时50 000小时、70 000小时，当月车间设备维修费96 000元（不考虑增值税），车间管理人员工资24 000元，该企业按照机器工时分配制造费用。当月甲产品应分担的制造费用为（　　）元。（2017年）

A．14 000　　　B．10 000　　　C．50 000　　　D．40 000

【答案】B

【解析】车间设备维修费应当计入"管理费用"；当月甲产品应分配的制造费用＝50 000/（50 000＋70 000）×24 000＝10 000（元），所以选项B正确。

考点4. 制造费用的账务处理：

借：生产成本
　　贷：制造费用

七、废品损失

★★★考点1. 废品损失的内容：

（1）<u>包括</u>：
①生产中和入库后的<u>不可修复</u>废品的生产成本；
②<u>可修复</u>废品的修复费用，扣除回收的废品残料价值和应收赔款后的损失。

（2）<u>不包括</u>：
①经鉴定不需要返修、可降价出售的不合格品；
②入库后因<u>保管</u>不善而损坏变质的产品；
③"<u>三包</u>"企业在产品出售后的废品。

★考点2. 账务处理：

情形		会计分录
（1）<u>不可修复</u>	①<u>发生</u>时	借：废品损失 　　贷：生产成本——基本生产成本
	②回收残料及应收的赔款	借：原材料 　　　其他应收款 　　贷：废品损失
	③结转废品净损失	借：生产成本——基本生产成本 　　贷：废品损失
（2）<u>可修复</u> （返修前的成本不转出）	①返修发生的各种费用	借：废品损失 　　贷：原材料 　　　　应付职工薪酬
	②回收残料及应收赔款	借：原材料 　　　其他应收款 　　贷：废品损失
	③修复后，转入生产成本	借：生产成本——基本生产成本 　　贷：废品损失

【例12】某工厂费用分配表中列示B产品可修复废品的修复费用为：直接材料2 000元，直接人工1 000元，制造费用1 500元。

不可修复废品成本按定额成本计价。有关资料如下：不可修复废品5件，每件直接材料定额100元，每件定额工时20小时，每小时直接人工5元、制造费用6元。

可修复废品和不可修复废品回收残料计价200元，并作为辅助材料入库；应由过失人赔款150元。废品净损失由当月同种产品成本负担。

（1）不可修复废品的生产成本＝$5×[100+20×(5+6)]=1 600$（元）

（2）可修复废品费用＝2 000＋1 000＋1 500＝4 500（元）
（3）废品净损失＝1 600＋4 500－200－150＝5 750（元）

【例13·多选】下列各项中，影响企业废品净损失的有（　　）。（2017年）
A. 应由责任人赔偿的废品损失　　　B. 不可修复废品的生产成本
C. 可修复废品的修复费用　　　　　D. 回收的废品残料价值
【答案】ABCD
【解析】根据规定，选项ABCD均影响企业废品净损失金额。

【例14·判断】经质检部门鉴定不需要返修、可以降价出售的不合格品，不计入废品损失。（　　）（2017年）
【答案】√
【解析】经质检部门鉴定不需要返修、可以降价出售的不合格品，不计入废品损失。

八、停工损失

★考点1. 概念：是指车间或车间班组在**停工期间**发生的费用，包括材料费、人工费和制造费用等。由过失单位或保险公司负担的赔款，从停工损失中扣除。

停工	（1）**正常停工**	①季节性停工	计入"产品成本"
		②正常生产周期内的修理期间的停工	
		③计划内减产停工	
	（2）**非正常停工**	①原材料或工具等短缺停工	计入"当期损益"
		②设备故障停工	
		③自然灾害停工	
		④电力中断停工	

【注意】不满1个工作日的停工，一般不计算停工损失。

★考点2. 停工损失的核算：

停工损失	（1）**单独核算**	应增设"停工损失"科目，在成本项目中增设"停工损失"项目
	（2）**不单独核算**	不设立"停工损失"科目，直接反映在"**制造费用**"和"**营业外支出**"等科目中。辅助生产一般不单独核算停工损失

【例15·判断】在不单独核算停工损失的企业中，属于自然灾害造成的停工损失直接反映在"营业外支出"科目中。（　　）（2015年）
【答案】√
【解析】在不单独核算停工损失的企业中，属于自然灾害造成的停工损失直接反映在"营业外支出"科目中。

【例16·多选】下列关于停工损失的说法中，正确的有（　　）。
A. 停工损失属于自然灾害的部分转入"营业外支出"
B. 非正常停工费用应计入产品成本
C. 季节性停工在产品成本核算范围内，应计入产品成本
D. 停工损失属于应由本月产品成本负担的部分计入基本生产成本
【答案】ACD
【解析】选项B，非正常停工费用应计入当期损益。

九、在产品数量的核算

★考点1．概念：是指没完成全部生产过程、不能作为商品销售的产品。

（1）包括：
①正在车间加工中的在产品（包括正在返修的废品）；
②已完成一个或几个生产步骤还需加工的半成品（包括入库的产品和等待返修的废品）。
（2）不包括：对外销售的自制半成品。

【例17·判断】正在返修的废品，未经验收入库的产品以及等待返修的废品均属于在产品。（　　）（2017年）
【答案】√
【解析】正在返修的废品，未经验收入库的产品以及等待返修的废品均属于在产品。

十、完工产品和在产品之间费用的分配

考点1．月初在产品成本、本月发生成本、本月完工产品成本和月末在产品成本的关系：
本月完工产品成本＝月初在产品成本＋本月发生成本－月末在产品成本

★考点2．将生产成本在完工产品和在产品之间进行分配的方法：

	分配方法	适用范围	完工产品和在产品的划分
倒挤法	（1）不计算在产品成本法	在产品数量很小	①月末在产品成本＝0 ②完工产品成本＝发生的生产成本
	（2）在产品按固定成本计价法	在产品数量较多但变化不大或在产品数量很小	①月末在产品成本＝年初固定数 ②完工产品成本＝发生的生产成本
	（3）在产品按定额成本计价法	消耗或成本定额较准确、稳定，且在产品数量变化不大	①月末在产品成本＝月末在产品数量×在产品单位定额成本 ②完工产品成本＝（月初在产品成本＋本月发生生产费用）－月末在产品成本
	（4）在产品按所耗直接材料成本计价法	在产品数量较多，变化较大，直接材料成本比重较大且生产开始时一次投入	月末在产品只计算直接材料成本，加工成本由完工产品负担
分配法	（5）约当产量比例法	详见考点3	
	（6）定额比例法	详见考点4	

★★★考点3. 约当产量比例法：

项目	具体内容
适用情形	产品**数量较多**，在产品**数量变化较大**，且直接材料成本和直接人工等**加工成本的比重相差不大**的产品
计算公式	①在产品约当产量＝在产品数量×完工程度 ②单位成本＝（月初在产品成本＋本月发生生产成本）/（完工产品产量＋在产品约当产量） ③完工产品成本＝完工产品数量×单位成本 ④月末在产品成本＝在产品约当产量×单位成本 ⑤完工程度的计算（见下表）

完工程度的计算：

项目		计算公式
（1）**原材料**	①在生产开始时一次投入，在产品和完工产品负担同样材料成本	
	②陆续投入	a.分工序投入，但在每一道工序开始时一次投入 某工序在产品完工程度＝**本工序累计材料消耗定额/产品材料消耗定额**×100% b.分工序投入，但每一道工序随加工进度陆续投入 某工序在产品完工程度＝（**前面各工序累计材料消耗定额＋本工序材料消耗定额×50%**）/产品材料消耗定额×100%
（2）**工资制造费用**	①在产品完成**本工序50%**	某道工序完工程度＝（前面各道工序工时定额之和＋本道工序工时定额×50%）/产品工时定额×100%
	②特指在产品所处工序的完工程度	某道工序完工程度＝（前面各道工序工时定额之和＋本道工序工时定额×**本道工序平均完工程度**）/产品工时定额×100%

【注意】本月完工产品成本＝月初在产品成本＋本月发生成本－月末在产品成本

【例18】某公司B产品单位工时定额400小时，经两道工序制成。各工序单位工时定额为：第一道工序160小时，第二道工序240小时。为简化核算，假定各工序内在产品完工程度平均为50%。则在产品完工程度计算结果如下：

第一道工序：160×50%÷400×100%＝20%
第二道工序：（160＋240×50%）÷400×100%＝70%

【例19】某公司C产品本月完工产品产量3 000个，在产品数量400个，完工程度按平均50%计算；材料在开始生产时一次投入，其他成本按约当产量比例分配。C产品本月月初在产品和本月耗用直接材料成本共计1 360 000元，直接人工成本640 000元，制造费用960 000元。

（1）直接材料成本的分配：
完工产品＝1 360 000÷（3 000＋400）×3 000＝1 200 000（元）
在产品＝1 360 000÷（3 000＋400）×400＝160 000（元）
由于材料在开始生产时一次投入，因此应按完工产品和在产品的实际数量比例进行分配，不必计算约当产量。

（2）直接人工成本的分配：

在产品400个折合约当产量200个（400×50%）

完工产品＝640 000÷（3 000＋200）×3 000＝600 000（元）

在产品＝640 000÷（3 000＋200）×200＝40 000（元）

（3）制造费用的分配：

完工产品＝960 000÷（3 000＋200）×3 000＝900 000（元）

在产品＝960 000÷（3 000＋200）×200＝60 000（元）

C产品本月在产品成本＝160 000＋40 000＋60 000＝260 000（元）

C产品本月完工产品成本＝1 200 000＋600 000＋900 000＝2 700 000（元）

完工产品入库的会计分录：

借：库存商品——C产品　　　　　　　　　　　　　　2 700 000
　　贷：生产成本——基本生产成本　　　　　　　　　　　　2 700 000

★★**考点4．定额比例法：**

（1）特点	①成本在完工产品和月末在产品间按照**定额消耗量**或**定额成本**比例分配 ②直接人工等加工成本，可按**定额成本**比例分配，也可按**定额工时**比例分配
（2）适用范围	定额较**准确**、**稳定**，但在产品**数量变动较大**的产品
（3）计算公式	①直接材料成本分配率＝（月初在产品**实际**材料成本＋本月投入的**实际**材料成本）/（完工产品**定额**材料成本＋月末在产品定额材料成本） ②完工产品负担的直接材料＝完工产品定额材料成本×直接材料分配率 ③直接人工成本分配率＝（月初在产品**实际**人工成本＋本月投入的**实际**人工成本）/（完工产品**定额**工时＋月末在产品**定额**工时） ④完工产品应负担的直接人工＝完工产品定额工时×直接人工分配率

【例20·单选】采用定额比例法分配材料成本，发出材料5 500千克，单价25元。完工产品350件，单位消耗定额20千克；在产品150件，单位消耗定额12千克。完工产品应分配材料成本为（　　）元。（2013年）

A. 3 850　　　　　B. 109 375　　　　　C. 96 250　　　　　D. 85 937.5

【答案】B

【解析】完工产品材料成本＝5 500×25×[350×20÷（350×20＋150×12）]＝109 375（元）。

【例21·多选】采用定额比例法分配完工产品和月末在产品费用，应具备的条件有（　　）。

A. 消耗定额或成本定额比较稳定　　　　B. 各月末在产品数量变化不大

C. 各月末在产品数量变化较大　　　　　D. 消耗定额或成本定额波动较大

【答案】AC

【解析】定额比例法适用于各项消耗定额或成本定额比较准确、稳定，但各月末在产品数量变动较大的产品。

十一、联产品

考点1. 联产品概述：使用同种原料，经同一生产过程同时生产的两种或两种以上的产品。

考点2. 联合成本：在分离点以前发生的生产成本。

【注意】"分离点"，是指在联产品生产中，投入相同原料，经过同一生产过程，分离为各种联产品的时点。

十二、副产品

考点1. 副产品的概念：同一生产中使用同种原料，在生产主产品同时附带的非主要产品。

考点2. 成本分配顺序：先确定副产品，再确定主产品的生产成本。

检测 4-1

第四节　产品成本计算方法

一、产品成本计算方法概述

考点1. 产品成本计算的主要方法：

产品成本计算方法	成本计算对象	生产类型		
		生产组织特点	生产工艺特点	成本管理
品种法	产品品种	大量大批生产	①单步骤生产	不要求分步计算成本
			②多步骤生产	
分批法	产品批别	单件小批生产	①单步骤生产	不要求分步计算成本
			②多步骤生产	
分步法	生产步骤	大量大批生产	多步骤生产	要求分步计算成本

【注意】分步法包括逐步结转分步法和平行结转分步法。

二、品种法
★★考点1. 品种法概述：

（1）概念	以产品品种为成本核算对象，归集和分配生产成本，计算产品成本的方法
（2）适用范围	单步骤、大量生产的企业，例如发电、供水、采掘等企业
（3）主要特点	①成本核算对象是产品品种 ②品种法下一般定期（每月月末）计算产品成本，产品成本计算期与财务报告期一致 ③月末一般不存在在产品，不需要将生产费用在产品之间进行划分，当期发生的生产费用总和就是该种完工产品的总成本 【注意】如果月末有在产品，要将生产成本在完工产品和在产品之间进行分配

【例1·单选】下列各项中，关于产品成本计算品种法的表述正确的是（　　）。（2017年）
A. 成本计算期与财务报告期不一致
B. 广泛适用于小批或单件生产的企业
C. 以产品批别作为成本计算对象
D. 以产品品种作为成本计算对象
【答案】D
【解析】品种法，适用于单步骤、大量生产的企业，如发电、供水、采掘等企业，选项B错误。品种法计算成本的主要特点：
（1）成本核算对象是产品品种，选项D正确，选项C错误；
（2）品种法下一般定期（每月月末）计算产品成本，产品成本计算期与财务报告期一致，选项A错误；
（3）月末一般不需要将生产费用在完工产品与在产品之间进行划分。

三、分批法概述
★★考点1. 分批法概述：

（1）概念	以产品批别为成本核算对象，归集、分配生产成本，计算产品成本的方法
（2）适用范围	单件、小批生产的企业，或一般企业新产品试制、试验的生产，在建工程及设备修理作业等。例如：造船、重型机器制造、精密仪器制造
（3）主要特点	①成本核算的对象是产品的批别 ②成本计算不定期，成本计算期与产品生产周期基本一致，但与财务报告期不一致 ③计算月末在产品成本时，一般不需在完工产品和在产品之间分配成本

【例2·多选】下列各项中，关于产品成本计算分批法的表述正确的有（　　）。（2017年）
A. 一般不需在完工产品和在产品之间分配成本
B. 需要计算和结转各步骤产品的生产成本
C. 成本计算期与产品生产周期基本一致

D. 以产品的批别作为成本核算对象

【答案】ACD

【解析】分批法计算成本的主要特点有：
（1）成本核算对象是产品的批别；
（2）成本计算期与产品周期基本一致，但与财务报告期不一致；
（3）一般不存在在完工产品和在产品之间分配成本的问题。

四、分步法概述

考点1．分步法的概述：

（1）概念	按生产过程中各个加工步骤（分品种）为成本核算对象，归集和分配生产成本，计算各步骤半成品和最后产成品成本的方法	
（2）适用范围	大量大批多步骤生产，例如：冶金（炼铁、炼钢、轧钢等步骤）、纺织（纺纱、织布等步骤）、机械制造（铸造、加工、装配等步骤）等	
（3）主要特点	①成本核算对象是各种产品的生产步骤 ②月末为计算完工产品成本，将归集在生产成本明细账中的生产成本在完工产品和在产品之间进行分配 ③除按品种计算和结转产品成本外，还需计算和结转产品的各步骤成本	

【注意1】其成本计算期是固定的，与会计报告期一致，与产品的生产周期不一致。

【注意2】如果企业只生产一种产品，则成本核算对象就是该种产品及其所经过的各个生产步骤。

五、分步法成本核算的一般程序

考点1．核算方法：

（1）逐步结转分步法 ─┬─ 综合结转法（需成本还原）
　　　　　　　　　　└─ 分项结转法

（2）平行结转分步法

★★考点2．逐步结转分步法：

（1）含义	按产品加工顺序，逐步计算/结转半成品成本，到最后加工步骤完成才能计算产品成本的方法
（2）适用范围	适用于大量大批连续式复杂性生产企业。该类型企业，产成品对外销售，所产半成品也经常对外销售，如钢铁厂的生铁、钢锭、纺织厂的棉纱等
（3）优点	能提供各步骤半成品的成本资料 为各步骤的在产品实物管理及资金管理提供资料 能全面反映各步骤生产耗费水平，满足各步骤成本管理要求
（4）缺点	成本结转工作量大，如采用逐步综合结转法，还要进行成本还原，增加了核算的工作量

【例3·单选】下列各项中，关于逐步结转分步法特点的表述不正确的是（　　）。
A.适用于大量大批连续式复杂性生产的企业
B.成本核算对象是各种产品的生产步骤
C.月末生产费用要在各步骤完工产品和在产品之间进行分配
D.成本计算期与产品的生产周期一致
【答案】D
【解析】分步法的主要特点有：
（1）成本核算对象是各种产品的生产步骤，选项B正确；
（2）月末为计算完工产品成本，需要将归集在生产成本明细账中的生产成本在完工产品和在产品之间进行分配，选项C正确；
（3）除了按品种计算和结转产品成本外，还需计算和结转产品的各步骤成本。其成本计算期是固定的，与产品的生产周期不一致，选项D错误。

【例4·判断】逐步结转分步法下，每一生产步骤的生产成本要在最终完工产品与该步骤在产品和后续步骤在产品之间进行分配。（　　）（2014年）
【答案】×
【解析】在平行结转分步法下，每一生产步骤的生产成本要在最终完工产品与月末在产品之间进行分配，其中的在产品指的是各步骤尚未加工完成的在产品和各步骤已完工但尚未最终完成的产品。

★★★考点3．平行结转分步法（也称"不计算半成品成本分步法"）：

（1）含义	计算各步骤成本时，不计算各步骤所产半成品成本，也不计算各步骤所耗上一步骤的半成品成本，而只计算本步骤发生的各项其他成本，以及这些成本中应计入产成品的份额，将相同产品的各步骤成本明细账中的这些份额平行结转、汇总，即可计算出该种产品的产成品成本
（2）优点	简化和加速成本计算工作，<u>不需进行成本还原</u>
（3）缺点	不能提供各步骤半成品成本资料，不便于<u>在产品的实物管理和资金管理</u>

【注意】平行结转分步法下，完工产品是指企业最后完成的产成品；在产品是指各步骤尚未加工完成的在产品和各步骤已完工但尚未最终完成的产品。

第八章 政府会计基础

本章考情分析

本章今年新增政府会计基本准则一节。学习本章，要求掌握政府会计核算体系及目标，掌握政府会计核算一般要求和会计信息质量要求，掌握事业单位会计资产、负债、净资产、收入与支出的核算。本章主要考核客观题，近三年的考试分值在5分左右。

年份 题型	2013年		2014年		2015年		2016年		2017年	
	数量	分值	数量	分值	数量	分值	数量	分值	数量	分值
单选题	2	3	2	3	2	3	1	1.5	2	3
多选题	1	2	1	2	—	—	1	2	1	2
判断题	1	1	1	1	1	1	2	2	—	—
不定项选择题	—	—	—	—	—	—	—	—	—	—
合计	4	6	4	6	3	4	4	5.5	3	5

第一节 政府会计基本准则

（2018年新增）

一、政府会计基本准则

考点1．主体：

（1）适用范围：<u>各政府</u>、<u>各部门</u>、<u>各单位</u>（即政府会计主体）。

【注意】各级政府财政部门，负责财政总（预算）会计的核算。

（2）不适用范围：

①<u>军队</u>；

②已纳入<u>企业财务管理体系</u>的单位；

③执行《民间非营利组织会计制度》的<u>社会团体</u>。

【注意】我国政府会计改革的基本原则：<u>权责发生制</u>。

考点2．核算体系及目标：

（1）"<u>双功能</u>"：

预算会计 ─┐
　　　　　├─ 反映和监督 ─┬─ 预算收支执行情况
财务会计 ─┘　　　　　　　└─ 财务状况、运行情况和现金流量等

（2）"双基础"：
预算会计实行收付实现制；财务会计实行权责发生制。

（3）"双报告"：
①决算报告：以收付实现制为基础，提供与政府预算执行情况有关的信息。
②财务报告：以权责发生制为基础，提供政府财务状况、运行情况和现金流量等信息。

二、政府会计核算一般要求

考点1. 应遵循的基本要求：
（1）对自身发生的经济业务或事项进行会计核算；
（2）以政府会计主体持续运行为前提；
（3）划分会计期间，分期结算账目，按规定编制决算、财务报告；
（4）以人民币作为记账本位币；
（5）采用借贷记账法记账。

三、政府会计信息质量要求

可靠性、全面性、相关性、及时性、可比性、可理解性、实质重于形式。

四、政府财务会计要素

考点1. 资产：
（1）定义：
①过去的经济业务或事项形成的；
②政府会计主体控制的；
③预期能产生服务潜力或经济利益。
（2）确认条件：
①服务潜力很可能实现或经济利益很可能流入；
②成本或价值能可靠计量。
（3）计量属性：历史成本、重置成本、现值、公允价值、名义金额（即人民币1元）。

考点2. 负债：
（1）定义：过去的经济业务或事项形成的，预期会导致经济资源流出的现时义务。
（2）确认条件：
①履行该义务很可能导致含有服务潜力或经济利益的经济资源流出；
②金额能计量。
（3）计量属性：历史成本、现值、公允价值。

考点3. 净资产的定义：资产扣除负债后的净额，其金额取决于资产和负债的计量。

考点 4．收入：
（1）定义：导致净资产增加、含有服务潜力或经济利益的经济资源的流入。
（2）确认条件：
①含有服务潜力或经济利益的经济资源很可能流入；
②含有服务潜力或经济利益的经济资源流入会导致资产增加或负债减少；
③流入金额能可靠地计量。

考点 5．费用：
（1）定义：导致净资产减少、含有服务潜力或经济利益的经济资源的流出。
（2）确认条件：
①含有服务潜力或经济利益的经济资源很可能流出；
②含有服务潜力或经济利益的经济资源流出会导致资产减少或负债增加；
③流出金额能可靠地计量。

五、政府预算会计要素

考点 1．政府预算会计要素：
（1）预算收入：依法取得并纳入预算管理的现金流入，一般实际收到时确认。
（2）预算支出：依法发生并纳入预算管理的现金流出，一般实际支出时确认。
（3）预算结余：预算收入扣除预算支出后的资金余额，及历年滚存的资金余额。
【注意】预算结余包括结余资金和结转资金。

六、政府财务报告

考点 1．概念： 是反映政府会计主体某一特定日期的财务状况、某一会计期间的运行情况和现金流量等信息的文件。至少应包括资产负债表、收入费用表和现金流量表。

七、政府决算报告

考点 1．概念： 是综合反映政府会计主体年度预算收支执行结果的文件。
应包括：决算报表＋其他相关信息、资料。

考点 2．政府财务报告与政府决算报告的主要区别：

	政府决算报告	政府综合财务报告
编制主体	各级政府财政部门、各部门、各单位	各级政府财政部门、各部门、各单位
反映对象	一级政府年度预算收支执行情况的结果	一级政府整体财务状况、运行情况和财政中长期可持续性
编制基础	收付实现制	权责发生制
数据来源	以预算会计核算生成的数据为准	以财务会计核算生成的数据为准
编制方法	汇总	合并
报送要求	本级人民代表大会常务委员会审查和批准	本级人民代表大会常务委员会备案

第二节 事业单位会计

一、事业单位会计的特点

考点1. 事业单位会计的特点：

（1）目标是<u>提供</u>与事业单位财务状况、事业成果、预算执行等有关的会计信息；

（2）会计核算一般采用<u>收付实现制</u>，但部分经济业务、事项核算采用<u>权责发生制</u>；

（3）会计<u>要素</u>分为资产、负债、净资产、收入和支出五大类；

（4）各项财产物资应当按照取得或购建时的<u>实际成本</u>进行计量，除国家<u>另有规定</u>外，事业单位不得自行调整其账面价值。

★ **考点2. 事业单位常用会计科目：**

会计要素	会计科目
（1）资产类	<u>零余额账户用款额度</u>、<u>财政应返还额度</u>、<u>短期投资</u>等
（2）负债类	应缴税费、<u>应缴国库款</u>、<u>应缴财政专户款</u>等
（3）净资产类	事业基金、非流动资产基金、专用基金、<u>财政补助结转</u>、<u>财政补助结余</u>、<u>非财政补助结转</u>、非财政补助结余分配、<u>事业结余</u>、经营结余
（4）收入类	财政补助收入、上级补助收入、事业收入、附属单位上缴收入、经营收入、其他收入
（5）支出类	事业支出、上缴上级支出、对附属单位补助支出、经营支出、其他支出

【例1·单选】下列各项中，属于事业单位资产会计科目的是（　　）。（2017年）

A. 应缴财政专户款　　　　　　　B. 非流动资产基金

C. 财政补助结转　　　　　　　　D. 零余额账户用款额度

【答案】D

【解析】应缴财政专户款是负债科目，非流动资产基金、财政补助结转是净资产科目，只有零余额账户用款额度是资产科目。

二、资产和负债

考点1. 资产： 占有或使用的能以**货币**计量的经济资源。

（1）<u>货币资金</u>：

①财政资金的<u>支付方式</u>：财政<u>直接支付</u>和财政<u>授权支付</u>；

②"零余额账户用款额度"科目：年末应<u>无余额</u>。

（2）<u>短期投资</u>：国债投资。

（3）<u>应收及预付款项</u>：财政应返还额度、应收票据、应收账款、其他应收款等。

（4）<u>存货</u>：材料、燃料、包装物、低值易耗品及用具、装具、动植物等。

【<u>注意</u>】随买随用的零星办公用品，可以直接列作支出。

（5）**长期投资**：股权和债权性质的投资。
（6）**固定资产**：持有期限超过1年（不含1年）、单位价值在1 000元以上（专用设备单位价值在1 500元以上），并保持原物质形态的资产。
（7）**在建工程**：必要支出已发生，但尚未完工交付的建筑和设备安装工程。
（8）**无形资产**：专利权、商标权、著作权、土地使用权、非专利技术等。

考点2. 负债：以货币计量，以资产或劳务偿还的债务。
（1）**短期借款**：借入期限在1年内（含1年）的各种借款；
（2）**应缴款项**：上缴国库或财政专户的款项、应缴税费，其他款项；
（3）**应付职工薪酬**：基本和绩效工资、津贴补贴、社保、住房公积金等；
（4）**应付及预收款项**：应付票据、应付账款、其他应付款；
（5）**长期借款**：借入期限超过1年（不含1年）的各种借款；
（6）**长期应付款**：租赁费、分期付款的价款。

三、净资产

考点1. 概念：净资产＝资产－负债。
★**考点2. 内容**：（三金两余）
（1）**财政补助**结转结余：
①财政补助结转：是指支出预算已执行但尚未完成或未执行，下年按原用途继续使用的财政补助资金。
②财政补助结余：是指支出预算已完成，或工作终止剩余的财政补助资金。

【例2·单选】事业单位在期末应将财政补助收入和对应的财政补助支出进行结转，涉及的会计科目是（　　）。（2017年）
A. 事业结余　　　　　　　　B. 非财政补助结转
C. 财政补助结转　　　　　　D. 财政补助结余
【答案】C
【解析】事业单位期末应将财政补助收入和对应的财政补助支出结转到财政补助结转核算。

（2）**非财政补助**结转结余：
①非财政补助结转：除财政补助收支外的各专项资金收入与支出相抵后剩余滚存的、须按规定用途使用的结转资金。
②非财政补助结余：
a.**事业**结余：除财政补助/非财政专项资金/经营收支以外各收支相抵后的余额。
b.**经营**结余：各项经营收支相抵并弥补以前亏损后的余额。
【注意1】设置"非财政补助结转"科目，是满足专项资金专款专用的管理要求。
【注意2】"事业结余"年末结转入"非财政补助结余分配"，结转后无余额。

【例3·多选】下列各项中,不影响事业单位事业结余的有( )。(2017年)
A. 财政补助收入
B. 事业支出——其他资金支出
C. 经营收入
D. 事业支出——财政补助支出
【答案】ACD
【解析】事业结余是指事业单位一定期间除财政补助收支、非财政专项资金收支和经营收支以外各项收支相抵后的余额。选项B结转到事业结余核算,影响事业结余的金额。选项A、D计入财政补助结转,选项C计入经营结余。

(3)**事业基金**:是指非限定用途的净资产,主要为非财政补助结余扣除结余分配后滚存的金额。

【例4·判断】事业单位当年经营收入扣除经营支出后的余额,无论是正数还是负数,均直接计入事业基金。( )(2017年)
【答案】×
【解析】如果经营结余是负数的话,说明经营结余有借方余额,经营结余的借方余额不进行结转。

【例5·单选】下列各项中,属于事业单位事业基金的是( )。(2017年)
A. 财政补助结余
B. 非财政补助结余扣除结余分配后滚存的金额
C. 财政补助结余扣除结余分配后滚存的金额
D. 非财政补助结余
【答案】B
【解析】事业单位的事业基金是指事业单位拥有的非限定用途的净资产,主要为非财政补助结余扣除结余分配后滚存的金额。

(4)**非流动资产基金**:长期投资、固定资产、在建工程、无形资产的金额。
(5)**专用基金**:专门用途的净资产。如:修购基金、职工福利基金。

【例6·多选】下列各项中,属于事业单位净资产的有( )。(2017年)
A. 非流动资产基金　　　　B. 专用基金
C. 事业基金　　　　　　　D. 财政补助结转
【答案】ABCD
【解析】事业单位净资产包括事业基金、非流动资产基金、专用基金、财政补助结转结余、非财政补助结转结余等。

四、收入与支出

★★**考点1. 收入：**

（1）<u>概念</u>：开展业务活动、其他活动依法取得的非偿还性资金。

（2）<u>内容</u>：收入类账户期末结转后无余额。

①<u>财政补助</u>收入：从同级部门取得的财政拨款，包括<u>基本支出补助</u>和<u>项目支出补助</u>；

②<u>事业</u>收入：专业业务活动及辅助活动取得的收入；（<u>期末无余额</u>）

③<u>上级补助</u>收入：从主管部门和上级单位取得的<u>非财政补助收入</u>；

④<u>附属单位上缴</u>收入：附属独立核算单位上缴的收入；

⑤<u>经营</u>收入：<u>非独立核算</u>经营活动取得的收入；

⑥<u>其他</u>收入：投资收益、银行存款利息收入、租金收入、捐赠收入、现金盘盈收入、存货盘盈收入、收回已核销应收及预付款项、无法偿付的应付及预收款项等。

【例7·单选】下列各项中，属于事业单位经营收入的是（　　）。（2017年）

A. 非独立核算经营活动取得的收入

B. 附属单位上缴的收入

C. 上级补助收入

D. 接受捐赠获得的收入

【答案】A

【解析】选项A属于经营收入，选项B属于附属单位上缴收入，选项C属于上级补助收入，选项D属于其他收入。

【例8·单选】下列各项中，事业单位应通过"其他收入"科目核算的是（　　）。（2016年）

A. 开展非独立核算经营活动取得的收入

B. 从主管部门取得的非财政补助收入

C. 附属独立核算单位按照有关规定上缴的收入

D. 按照规定对外投资取得的投资收益

【答案】D

【解析】开展非独立核算经营活动取得的收入，在"经营收入"中核算，选项A错误；从主管部门取得的非财政补助收入，属于"上级补助收入"，选项B错误；附属独立核算单位按照有关规定上缴的收入属于"附属单位上缴收入"，选项C错误；本题选择选项D。

★**考点2. 支出：**

（1）<u>概念</u>：资金耗费和损失。

（2）<u>内容</u>：支出类账户期末结转后无余额。

①<u>事业</u>支出：是指专业业务活动及辅助活动发生的<u>基本支出</u>和<u>项目支出</u>；

②<u>上缴上级</u>支出：上缴上级单位的支出；

③<u>对附属单位补助</u>支出：用（除财政补助之外的）收入对附属单位补助的支出；

④<u>经营</u>支出：<u>开展非独立核算</u>经营活动发生的支出；

⑤其他支出：利息支出、捐赠支出、现金盘亏损失、资产处置损失、接受捐赠（调入）非流动资产发生的税费支出等。

【注意】对财政补助支出、非财政专项资金支出和其他资金支出等要进行明细核算。

【总结1】财政补助收、支→财政补助结转→财政补助结余

【总结2】

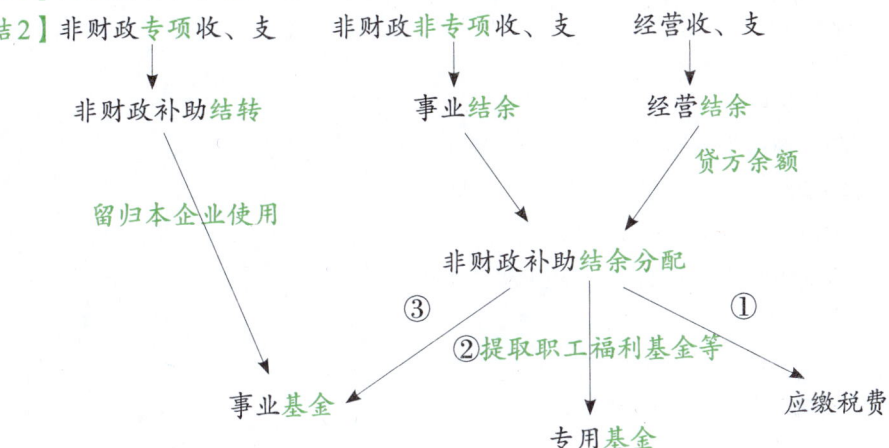

【例9·多选】下列事业单位会计科目中，年末结账后应无余额的有（　　）。（2017年）

A. 事业收入　　　B. 事业结余　　　C. 事业基金　　　D. 事业支出

【答案】ABD

【解析】事业基金是指非限定用途的净资产，非财政补助结余扣除结余分配后的金额。不符合题意，排除C；事业收入、事业结余、事业支出年末结账后均无余额，故选ABD。

【例10·多选】下列各项中，事业单位应当确认为事业支出的有（　　）。（2017年）

A. 对附属单位的补助支出

B. 按规定上缴上级单位的支出

C. 开展专业业务活动及其辅助活动发生的项目支出

D. 开展专业业务活动及其辅助活动发生的基本支出

【答案】CD

【解析】选项A记入对附属单位补助支出；选项B记入上缴上级支出。

【例11·单选】下列各项中，属于事业单位经营支出的是（　　）。（2017年）

A. 开展专业业务活动发生的工资支出

B. 非独立核算经营活动发生的工资支出

C. 对附属单位补助支出

D. 上缴上级支出

【答案】B

【解析】选项A属于事业支出；选项C属于对附属单位补助支出；选项D属于上缴上级支出。故选B。

第四模块　考霸手稿

一、单项选择题

1. 某投资项目于2017年年初动工，当年投产，从投产之日起每年末可得收益20万元，按年利率5%计算，预期5年收益的现值为（ D ）万元。已知（P/A，5%，5）=4.3295，(F/A，5%，5）=5.5256。
   A. 100 ← 20×5
   B. 110.51 ← 20×5.5256
   C. 88.59 ← 选项D的眼花干扰项
   D. 86.59 ← 20×4.3295

2. 2017年6月5日，甲公司委托某量具厂加工一批量具，发出材料的计划成本为80 000元，材料成本差异率为5%，以银行存款支付运杂费2 000元，6月25日以银行存款支付上述量具的加工费20 000元，6月30日收回委托加工的量具，并以银行存款支付运杂费3 000元，假定不考虑其他因素，甲公司收回该批量具的实际成本是（ D ）元。
   A. 101 000 ← 80 000×(1-5%)+2 000+20 000+3 000
   B. 105 000 ← 80 000+2 000+20 000+3 000
   C. 104 000 ← 80 000×(1+5%)+20 000
   D. 109 000 ← 80 000×(1+5%)+2 000+20 000+3 000

3. 甲公司从证券市场购入乙公司股票50 000股，划分为交易性金融资产。甲公司为此支付价款105万元，其中包含已宣告但尚未发放的现金股利1万元，另支付相关交易费用0.5万元（不考虑增值税），不考虑其他因素，甲公司该投资的投资入账金额为（ C ）万元。
   A. 104 ← 105-1
   B. 105.5 ← 105+0.5
   C. 105
   D. 104.5 ← 105-1+0.5

   ①另支付的相关交易费用0.5万元，应计入投资收益，已宣告但尚未发放的现金股利，应计入初始入账金额
   ②本题会计分录：借：交易性金融资产——成本　105
   　　　　　　　　　　　投资收益　　　　　　　　0.5
   　　　　　　　贷：其他货币资金　　　　　　　　105.5

4. 下列各项中，关于产品成本计算品种法的表述正确的是（ B ）。
   A. 成本计算期与财务报告期不一致
   B. 以产品品种作为成本计算对象
   C. 以产品批别作为成本计算对象
   D. 广泛适用于小批或单件生产的企业

   ①若用题干有则选项有，则选项是正确的
   ②品种法，适用于单步骤、大量生产的企业，如发电、供水、采掘等企业 → 选项D错误
   品种法计算成本的主要特点：
   一是成本核算对象是产品品种 → 选项B正确，选项C错误
   二是品种法下一般定期（每月月末）计算产品成本，产品成本计算期与财务报告期一致 → 选项A错误
   三是月末一般不需要将生产费用在完工产品与在产品之间进行划分

5. 某企业对生产设备进行改良，发生资本化支出共计45万元，被替换旧部件的账面价值为10万元，该设备原价为500万元，已计提折旧300万元，不考虑其他因素。该设备改良后的入账价值为（ B ）万元。

A. 245 ← 没有剔除"被替换旧部件的账面价值"
B. 235
C. 200 ← 没有剔除"被替换旧部件的账面价值"和增加"资本化支出"部分
D. 190 ← 没有增加"资本化支出"部分

$$\underset{该设备的账面价值}{(500-300)} + \underset{资本化支出}{45} - \underset{被替换旧部件}{10} = 235$$

6. 下列各项中，应计入营业外支出的是（ A ）。

A. 合同违约金
B. 法律诉讼费 ← 管理费用
C. 出租无形资产的摊销额 ← 其他业务成本
D. 广告宣传费 ← 销售费用

7. 企业未设置"预付账款"科目，发生预付货款业务时应借记的会计科目是（ D ）。

A. 预收账款
B. 其他应付款
C. 应收账款
D. 应付账款

① $\dfrac{AC + BD}{收\quad 付}$
   $\dfrac{\times\quad \checkmark}{}$
  无"其他"
② 收对收，付对付，不设的科目为资产则借记，负债为贷记

8. 2016年1月1日，某企业开始自行研究开发一套软件，研究阶段发生支出30万元，开发阶段发生支出125万元。开发阶段的支出均满足资本化条件，4月15日，该软件开发成功并依法申请了专利，支付相关手续费1万元，不考虑其他因素，该项无形资产的入账价值为（ A ）万元。

A. 126 ← 125+1
B. 155 ← 30+125
C. 125 ← 125
D. 156 ← 30+125+1

① 125+1=126，研究阶段发生支出30万元，应计入当期损益
② 研究阶段支出 → 计入当期损益（管理费用）
   开发阶段支出 { 不满足资本化条件 → 计入当期损益（管理费用）
                满足资本化条件 → 计入成本
   注意：若无法区分研究阶段和开发阶段则全部费用化 → 计入当期损益（管理费用）

9. 下列各项中，关于股份公司溢价发行股票的相关会计处理表述正确的是（ C ）。

A. 发行股票溢价计入盈余公积 ← 应计入资本公积
B. 发行股票相关的印花税计入股票成本 ← 应计入税金及附加
C. 发行股票相关的手续费应从溢价中抵扣
D. 发行股票取得的款项全部计入股本 ← 溢价部分计入资本公积

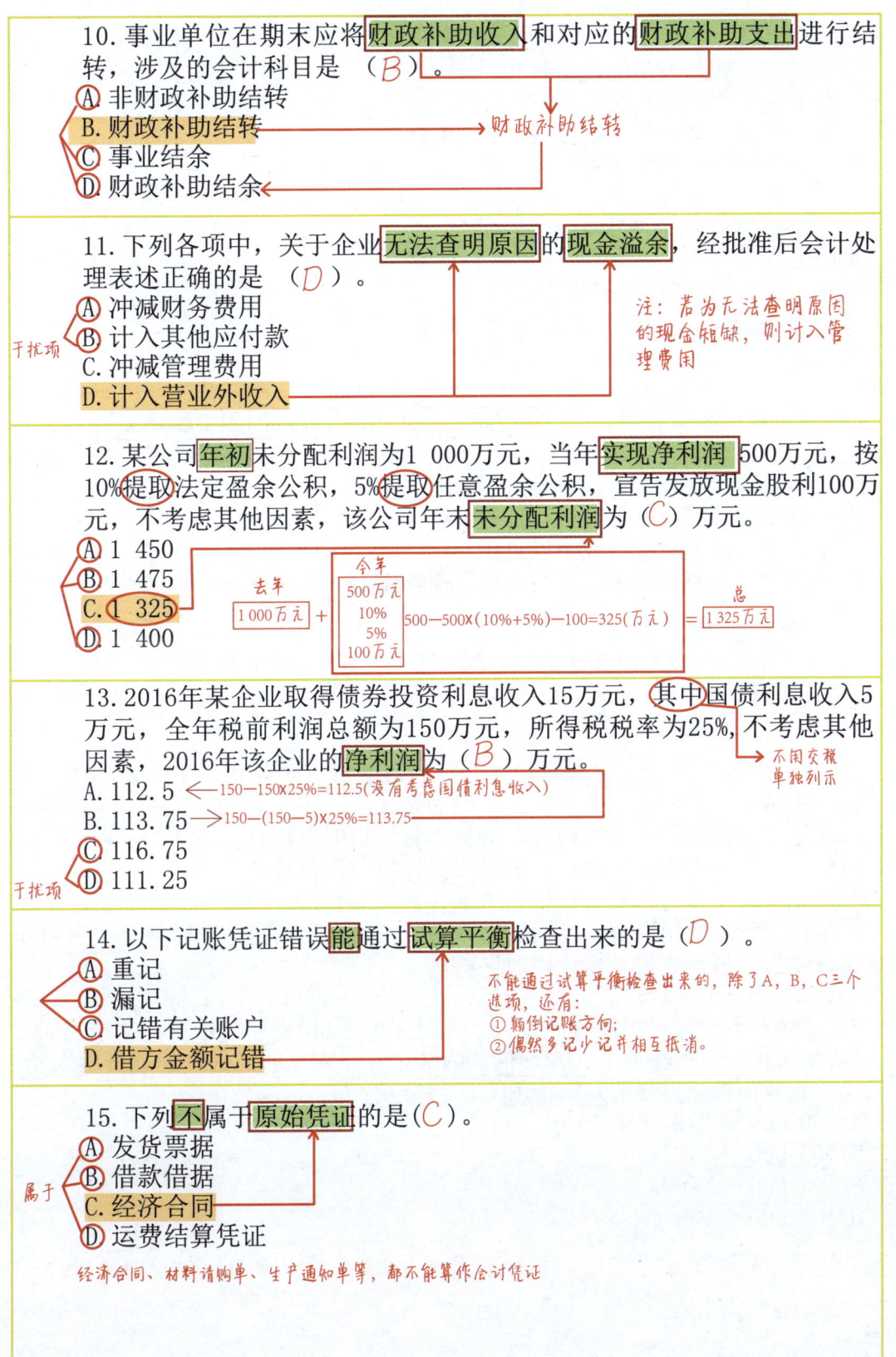

16. 下列各项中，应计入企业管理费用的是（ D ）。
A. 收回应收账款发生的现金折扣 ← 财务费用
B. 处置无形资产净损失 ← 营业外支出
C. 生产车间机器设备的折旧费 ← 制造费用
D. 生产车间发生的排污费

17. 总分类账采用的账簿格式是（ A ）。
A. 订本式
B. 卡片式 ← 固定资产的核算
C. 数量金额式 ← 原材料、库存商品等明细账
D. 活页式 ← 明细分类账

18. 在审核原始凭证时，对于内容不完整、填写有错误或手续不完备的原始凭证，应该（ D ）。
A. 拒绝办理，并向本单位负责人报告
B. 予以抵制，对经办人员进行批评
C. 由会计人员重新编制或予以更正
D. 予以退回，要求更正、补充，以至重新编制

根据不同情况处理：
(1) 完全符合要求 → 及时据以编制记账凭证入账；
(2) 真实、合法、合理但内容不够完整、填写有错误 → 退回经办人员补充完整，更正错误或重开；
(3) 不真实，不合法 → 不予接受，并向单位负责人报告。

19. 企业将自有房屋无偿提供给本企业行政管理人员使用，下列各项中，关于计提房屋折旧的会计处理表述正确的是（ D ）。→ 属于职工福利，不属于经营
A. 借记"其他业务成本"科目，贷记"累计折旧"科目
B. 借记"其他应收款"科目，贷记"累计折旧"科目
C. 借记"管理费用"科目，贷记"累计折旧"科目
D. 借记"管理费用"科目，贷记"应付职工薪酬"科目，同时借记"应付职工薪酬"科目，贷记"累计折旧"科目

20. 甲企业为增值税小规模纳税人，本月采购原材料2 060千克，每千克50元（含增值税），运输途中的合理损耗为60千克，入库前的挑选整理费用为500元，企业该批原材料的入账价值为（ B ）元。
A. 100 500 ← (2 060-60)×50+500
B. 103 500 → 2 060×50+500
C. 103 000 ← 2 060×50
D. 106 500 ← (2 060+60)×50+500

注意：运输途中的合理损耗，仅仅是提高了存货的单位成本，不影响存货的总成本

21. 2016年1月1日，某企业向银行借入资金600 000元，期限为6个月，年利率为5%，借款利息分月计提，季末交付，本金到期一次归还。下列各项中，2016年6月30日，该企业交付借款利息的会计处理正确的是（ D ）。
A. 借：财务费用　　　　5 000
　　 应付利息　　　　2 500
　　　贷：银行存款　　　　　7 500
B. 借：财务费用　　　　7 500
　　　贷：银行存款　　　　　7 500
C. 借：应付利息　　　　5 000
　　　贷：银行存款　　　　　5 000
D. 借：财务费用　　　　2 500
　　 应付利息　　　　5 000
　　　贷：银行存款　　　　　7 500

分月计提，季末支付：(第三个月：两付一费用)
即两个月的利息计入"应付利息"
一个月的利息计入"财务费用"
一个月的利息=600 000×5%÷12=2 500

22. 下列各项中，应根据相关总账科目的余额直接在资产负债表中填列的是（ D ）。
A. 应付账款　←明细科目，计算
B. 固定资产　←有关科目余额-其备抵科目余额
C. 长期借款　←总账和明细账科目的余额分析计算填列
D. 短期借款

除此之外，一般还有：以公允价值计量且变动计入当期损益的金融资产、应付票据、应付职工薪酬等

23. 某企业本月投产甲产品50件，乙产品100件，生产甲乙两种产品共耗用材料4 500千克，每千克20元，每件甲、乙产品材料消耗定额为50千克、15千克，按材料定额消耗量比例分配材料费用，甲产品分配的材料费用为（ D ）元。
A. 50 000
B. 30 000
C. 33 750
D. 56 250

$\frac{4\,500 \times 20}{50 \times 50 + 100 \times 15} \times 50 \times 50 = 56\,250$

24. 企业为采购存货签发银行承兑汇票而支付的手续费应计入（ B ）。
A. 管理费用
B. 财务费用
C. 营业外支出
D. 采购存货成本

二、多项选择题

1. 下列各项中，应计入销售费用的有（ ACD ）。
A. 预计产品质量保证损失
B. 销售产品为购货方代垫的运费　←应收账款
C. 结转随同产品出售不单独计价的包装物成本　→如单独计价，则计入其他业务成本
D. 专设销售机构固定资产折旧费

2. 下列各项中，资产的净损失报经批准应计入管理费用的是（ CD ）。
   A. 固定资产的盘亏
   B. 自然灾害造成的包装物毁损 ← 与营业无关，计入营业外支出
   C. 属于一般经营损失的原材料毁损
   D. 无法查明原因的现金短缺

3. 下列各项中，应计入工业企业其他业务成本的有（ ACD ）。
   A. 结转销售原材料的成本
   B. 结转销售商品的成本 ← 主营业务成本
   C. 出租无形资产的摊销成本
   D. 结转随同商品出售单独计价的包装物成本 → 如不单独计价，则计入销售费用

4. 下列各项中，属于工业企业营业收入的有（ BC ）。
   A. 债权投资的利息收入 ← 投资收益
   B. 出租无形资产的租金收入
   C. 销售产品取得的收入
   D. 出售无形资产的净收益 ← 营业外收入

   营业收入
   ├─ 主营业务收入 （C）
   └─ 其他业务收入 （B）

5. 下列事业单位会计科目中，年末结账后应无余额的有（ ABC ）。
   A. 事业收入
   B. 事业结余
   C. 事业支出
   D. 事业基金

   事业收入 → 事业结余 → 非财政补助结余分配
   事业支出

6. 下列各项中，属于企业流动资产的有（ ABCD ）。
   A. 为交易目的而持有的资产
   B. 预计自资产负债表日起一年内变现的资产
   C. 自资产负债表日起一年内清偿负债的能力不受限制的现金
   D. 预计在一个正常企业周期中变现的资产

7. 下列各项中，应计入加工收回后直接出售的委托方加工物资成本的有（ ABCD ）。
   A. 由受托方代收缴的消费税 → 如果是"收回继续加工"的，应计入"应交税费—应交消费税"
   B. 支付委托加工的往返运输费
   C. 实际耗用的原材料费用
   D. 支付的加工费

8. 属于事业单位的资产有（ ABC ）。
   A. 零余额账户用款额度
   B. 财政应返还额度
   C. 待处置资产损溢
   D. 非流动资产基金 ← 净资产

   事业单位的资产包括货币资金、短期投资、应收及预付款项、存货、长期投资、固定资产等

9. 下列各项中，不应计入资本公积的有（ CD ）。
A. 滞销的库存股账面余额低于所冲减股本的差额
B. 投资者超额缴入的资本
C. 交易性金融资产发生的公允价值变动 ← 公允价值变动损益
D. 无形资产账面价值低于可收回金额的差额 ← 资产减值损失

10. 下列各项中，关于原材料按计划成本核算的会计处理表述正确的有（ ABC ）。
A. 入库原材料的超支差异应借记"材料成本差异"科目
B. 发出材料应负担的节约差异应借记"材料成本差异"科目
C. 发出材料应负担的超支差异应贷记"材料成本差异"科目
D. 入库材料的节约差异应借记"材料成本差异"科目
选项D说法错误，应贷记

11. 确定提供劳务交易的完工进度，可以选择的方法有（ ACD ）。
A. 技术人员测量的完工进度
B. 已经提供的劳务收入占总收入的比例 ← 无
C. 已经发生的成本占总成本的比例
D. 提供的劳务占应提供劳务总量的比例

12. 某企业为生产多种产品的制造企业，下列各项中，通过"制造费用"科目核算的有（ AD ）。
A. 车间房屋和机器设备的折旧费
B. 支付用于产品生产的材料费用
C. 生产工人的工资和福利费
D. 季节性停工损失
计入"生产成本"
不选BC，则选AD

三、判断题

1. 月末货到单未到的入库材料应按暂估价入账，并于下月初作相反方向会计分录予以冲回。（ √ ）。

2. 除投资合同或协议约定价值不公允的以外，企业接受投资者作为资本投入的固定资产，应按投资合同或协议的约定价值确定其入账价值。（ √ ）

3. 总分类科目对明细分类科目起着补充说明和统驭控制的作用。（ × ）
总分类 控制 明细分类
辅助

4. 企业采用顺序分配法分配辅助生产费用时，受益多的辅助生产车间先分配，受益少的辅助生产车间后分配。（ × ） ×少
×多

5. 已确认销售收入的售出商品发生销售折让，且不属于资产负债表日后事项的，企业应在销售折让发生时冲减当期销售商品收入。（ √ ）

6. 企业债券投资获得的利息收入属于让渡资产使用权收入。（ √ ）

让渡资产使用权收入 ← 利息收入／使用费收入／其他

7. 企业生产车间发生的固定资产日常维修费，应作为制造费用核算计入产品成本。（ × ）

应计入"管理费用"
（行政管理部门发生的固定资产日常维修费，也计入管理费用）

8. 所有者权益变动表是反映企业当期所有者权益各构成部分增减变动情况的报表。（ √ ）

9. 企业代扣代缴的个人所得税，不通过"应交税费"科目进行核算。（ × ）

10. 利润表中"所得税费用"项目的本期金额等于当期所得税，而不应考虑递延所得税。（ × ）

所得税费用=当期所得税+递延所得税费用

四、不定项选择题

（一）甲公司为增值税一般纳税人，2017年7月至12月发生如下经济业务。

（1）甲公司拟自建厂房一栋。7月1日，购入工程物资一批，取得货物增值税专用发票注明的价款为500万元，增值税额85万元，款项以银行转账方式支付。该批物资用于厂房的建设，当日工程物资全部被领用。

（2）11月10日，购入一台不需要安装的设备并投入专设销售机构使用。取得该设备的增值税专用发票注明的价款为100万元，增值税为17万元，款项已用银行存款支付。该设备预计使用年限为10年，预计净残值为4%，采用直线法计提折旧。

（3）11月20日，购入行政管理用软件，以银行汇票支付价款和税款共计48万元，取得普通发票。该软件预计使用年限为10年，采用直线法摊销。

（4）12月10日，厂房建设工程领用本企业外购原材料一批，购入时取得的货物增值税专用发票注明的价款为300万元，增值税额51万元。另发生安装人员薪酬30万元。

（5）12月31日，厂房工程达到预定可使用状态。

要求：根据上述资料，不考虑其他因素，分析回答下列小题。（答案金额单位用万元表示）

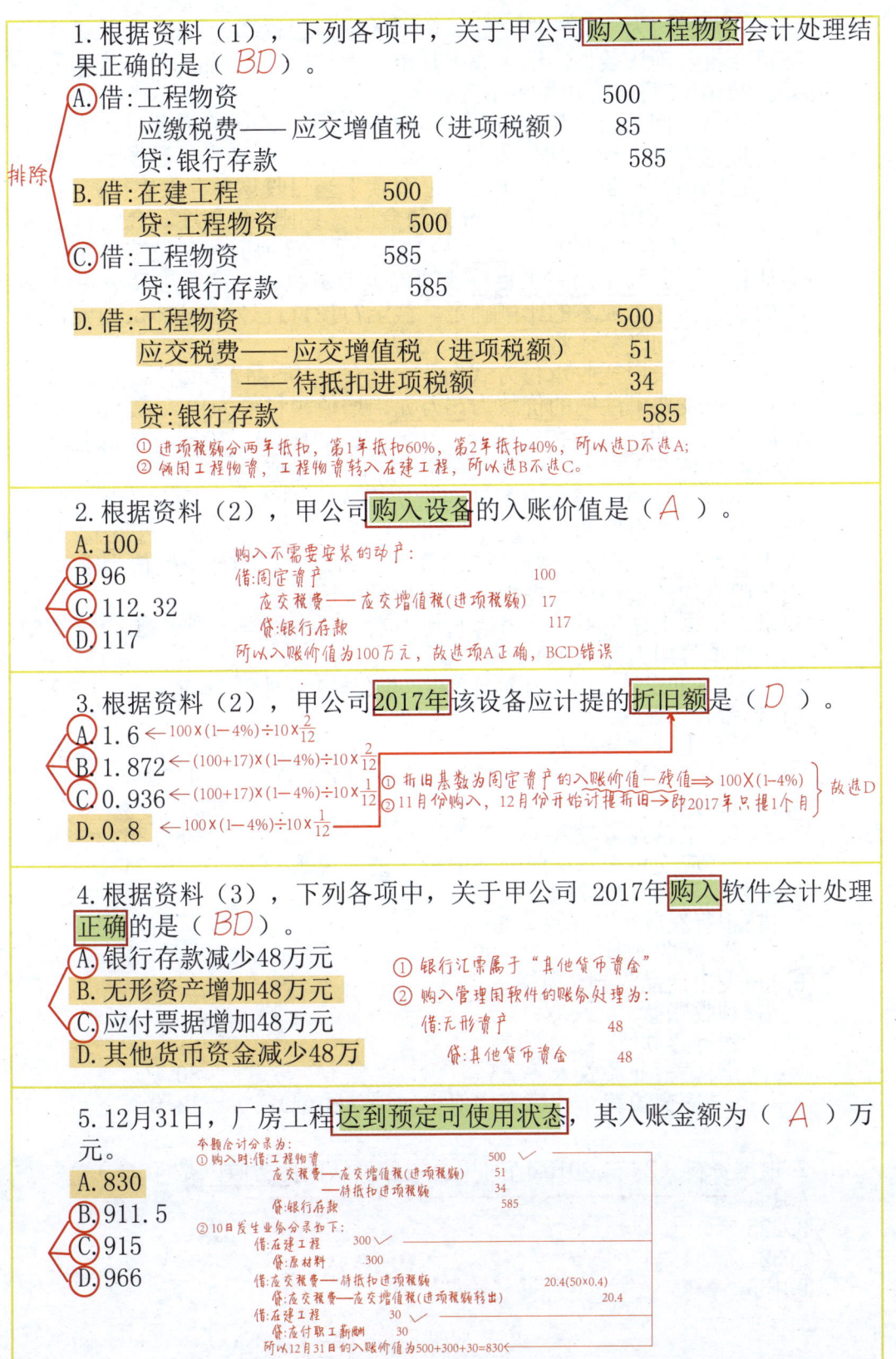

(二)甲公司为一家制造企业,适用的增值税税率为17%,商品销售全部符合收入确认条件,销售成本月末一次结转,M产品的单位成本为80元。2016年7月该公司发生下列业务:

(1)1日,向乙公司销售M产品8 000件,开具的增值税专用发票上注明的价款为80万元,增值税税额为13.6万元。商品当日已发出,甲公司上月已预收乙公司30万元货款,余款于当日收讫并存入银行。

(2)3日,与丙公司签订一份劳动合同,期限为9个月,合同总收入225万元(不含增值税),已预收135万元,该项劳务交易结果能够可靠估计,甲公司采用完工百分比法确定劳务收入。完工进度按照已发生成本占估计总成本的比例确定。截至7月31日已发生成本32万元,预计完成该合同义务还将发生成本128万元。

(3)5日,采用托收承付方式向丁公司销售M产品7 500件,开具的增值税专用发票上注明的价款为75万元,增值税税额为12.75万元。销售合同中规定的现金折扣条件为2/10、1/20、N/30,10日,收到丁公司支付的款项存入银行,计算现金折扣不考虑增值税。

(4)6日,按照与戊公司签订的租赁合同,以经营租赁方式将上月初取得的一台拟自用的生产设备出租给戊公司。31日收取当月租金2万元(不含增值税)存入银行。该设备原价60万元,预计净残值为零,采用年限平均法按10年计提折旧,未计提减值准备。

要求:根据上述资料,不考虑其他因素,分析回答下列小题。(答案中的全部单位用万元表示)

1.根据资料和资料(1),下列各项中,甲公司会计处理正确的是(CD)。

A.借:银行存款　　　　　　　　　　　　　30
　　贷:主营业务收入　　　　　　　　　　　　25.64
　　　　应交税费——应交增值税(销项税额)　4.36

B.借:银行存款　　　　　　　　　　　　　63.6
　　贷:主营业务收入　　　　　　　　　　　　54.36
　　　　应交税费——应交增值税(销项税额)　9.24

C.上月收到预收货款时
　借:银行存款　　　　30
　　贷:预收账款　　　　30

D.1日发出商品收到余款时
　借:预收账款　　　　　　　　　　　　　　30
　　　银行存款　　　　　　　　　　　　　　63.6
　　贷:主营业务收入　　　　　　　　　　　　80
　　　　应交税费——应交增值税(销项税额)　13.6

2.根据资料(2),2016年7月甲公司应确认的劳务收入是(A)。

A.45
B.225
C.32
D.135

3. 根据期初资料和资料（3），下列各项中，关于甲公司会计处理结构表述正确的是（AB）。
A. 5日，确认销售商品收入75万元
B. 10日，确认财务费用1.5万元
C. 5日，确认商品销售收入73.5万元
D. 10日，确认财务费用0.75万元

4. 根据资料（4），下列各项中，关于甲公司会计处理结果表述正确的是（BD）。
A. 当月出租设备计提折旧确认制造费用6万元
B. 当月出租设备计提折旧确认其他业务成本0.5万元
C. 当月收取租金确认营业外收入2万元
D. 当月收取租金确认其他业务收入2万元

5. 根据资料和资料（1）至（4），2016年7月甲公司利润表中下列项目本期金额计算结构正确的是（AD）。
A. 营业收入为202万元
B. 营业收入为200万元
C. 营业成本为156万元
D. 营业成本为156.5万元

（三）甲公司为生产多种产品的制造企业，为增值税一般纳税人，适用的增值税税率为17%，原材料采用实际成本核算，材料发生成本采用月末一次加权平均法计算。2016年12月1日，M材料库存数量为500千克，每千克实际成本为200元。该公司12月份发生有关存货业务如下：
（1）2日，以面值为250 000元的银行汇票购买M材料800千克，每千克不含增值税销售价格为250元，价款共计200 000元，增值税专用发票上注明的增值税税额为34 000元，由销货方代垫运杂费3 000元（不考虑增税）。材料验收入库，银行汇票多余款项通过银行退回并已收妥。
（2）10日，收到乙公司作为资本投入的M材料3 000千克，并验收入库，同时收到乙公司开具的增值税发票，投资合同约定该批材料不含增值税价格为600 000元，与公允价值相同，允许抵扣的增值税为102 000元，乙公司在甲公司注册资本中享有份额的金额为580 00元。
（3）31日，发料凭证汇总表中列明M材料的耗用情况如下，生产产品领用1 600千克，车间管理部门领用300千克，行政管理部门领用200千克，销售部门领用100千克。
（4）31日，财产清查中盘亏M材料的成本为15 000元，相应转出增值税进项税额为2 550元，经查属于材料保管人员过失造成的，按规定由其赔偿6 000元，其他损失由公司承担，款项尚未收到。
要求：依据上述材料，不考虑其他因素，分析回答下列小题。（答案中的金额单位用元表示，计算结果出现小数的，保留小数点后两位小数）

1. 根据材料（1）下列各项中，甲公司会计处理正确的是（ACD）。
A. 退回银行汇票的多余款项时：
借：银行存款　　　　　　　　　　13 000
　　贷：其他货币资金　　　　　　　　　13 000
B. 用银行汇票购买材料时：
借：原材料　　　　　　　　　　　203 000
　　应交税费——应交增值税　　　 34 000
　　贷：银行存款 ✗　　　　　　　　　237 000
C. 申请签发银行汇票时：
借：其他货币资金　　　　　　　　250 000
　　贷：银行存款　　　　　　　　　　 250 000
D. 用银行汇票购买材料时：
借：原材料　　　　　　　　　　　 20 300
　　应交税费——应交增值税　　　 34 000
　　贷：其他货币资金　　　　　　　　23 7000 ✓

选择BD矛盾，则选D不选B

2. 根据材料（2）下列各项中，甲公司会计处理结果正确的是（ABC）。
A. "资本公积"科目贷方登记122 000元
B. "原材料"科目借方登记600 000元
C. "应交税费"科目借方登记102 000元
D. "实收资本"科目贷方登记702 000元

本题会计分录为：
借：原材料　　　　　　　　　　600 000
　　应交税费——应交增值税（进项税额）102 000
　　贷：实收资本　　　　　　　　　　580 000
　　　　资本公积——资本溢价　　　　122 000

3. 根据材料资料（1）至（2），甲公司当月发出M材料平均单价是（B）元。
A. 205.35
B. 210
C. 209.3
D. 204.65

(500×200 + 203 000 + 600 000) / (500 + 800 + 3 000) = 210(元/千克)
月初库存存货成本　本月购入存货成本　接受投资的存货成本　月初库存存货数量　本月购入存货数量　接受投资存货的数量

4. 根据材料（3）下列各项中，甲公司会计处理表述正确的是（ABCD）。
A. 车间管理部门领用的材料计入制造费用
B. 生产产品领用的材料计入生产成本
C. 销售部门领用的材料计入销售费用
D. 行政管理部门领用的材料计入管理费用

本题会计分录为：借：生产成本　　336 000　(1 600×210)
　　　　　　　　　　制造费用　　 63 000　(300×210)
　　　　　　　　　　管理费用　　 42 000　(200×210)
　　　　　　　　　　销售费用　　 21 000　(100×210)
　　　　　　　　贷：原材料　　　462 000　(2 200×210)

5. 根据材料（4），下列各项中，甲公司会计处理正确的是（BC）。
A. 应收账款增加6 000元　← 其他应收款
B. 原材料减少15 000元
C. 其他应收款增加6 000元
D. 管理费用增加15 000元　← 金额应为11 550

本题会计分录为：
31日，盘亏M材料时：
借：待处理财产损溢　　　　17 550
　　贷：原材料　　　　　　　　　15 000
　　　　应交税费——应交增值税（进项税额转出）2 550
根经批准后：
借：管理费用　　　　　11 550
　　其他应收款　　　　 6 000
　　贷：待处理财产损溢　　17 550

第五模块　应试技巧

1. 熟悉无纸化考试，平时多上机操作

众所周知，初级会计职称是采用无纸化系统考试，也就是我们平常所说的上机考试。无纸化机考与其他考试最大的区别就在于上机操作，对于一些常用的功能，考生要加以注意，比如输入法的选择、如何调出计算器等。为了避免考试时遇到不会使用电脑答题的情况，建议考生在平时练习过程中，尽量采用无纸化模拟机考系统，熟悉操作，这样到了考场上才不会手忙脚乱。一旦在考场上出现机器故障的问题，不要慌乱，要及时向监考人员举手示意，请技术人员帮助协调处理。

2. 看清题意再答题，最忌"想当然"式看题

考试最忌"想当然"式看题，有的考生一看到某个选项是正确的，心里窃喜，就马上选择这个选项，连题目可能都不看，殊不知题目要求是要选择"不正确"的。所以考场上一定要避免因为马虎大意而丢分的现象，对每一道题都要仔细审题再作答，特别是一些看似简单的题目，更要十分留意，很有可能就是出卷老师挖的"坑"！所以我们在平时练习的时候，要提高"找坑""挖坑"的能力。

3. 巧用排除法

在考场上，如果遇到实在是一点印象都没有或者不会做的题目，可以采取排除法进行筛选。如果选项之间全部不矛盾，那就全选；如果选项之间矛盾，那就选其一；如果判断题出现"一定""必须"这样绝对的字眼，那这道判断题基本都是错误的。

以上便是初级会计实务的应试技巧。希望各位考生在平时要认真备考，要坚信"机会是留给有准备的人"！祝各位考生顺利通过考试，早日成为会计行业的领军人物！

第六模块　模拟试卷

2018年度全国会计专业技术资格考试模拟试卷
《初级会计实务》

一、单项选择题（本类题共24小题，每小题1.5分，共36分。每小题备选答案中，只有一个符合题意的正确答案。多选、错选、不选均不得分）

1. 内审人员在当年会计账本审查中发现，金额为100元的购货发票在填制记账凭证时误填为1 000元，并已登记入账，会计人员应采用（　　）更正。
   A. 划线更正法　　　　　　　　B. 红字更正法
   C. 补充登记法　　　　　　　　D. 直接更正法

2. 某企业转让一项商标权，该商标权的账面余额为600万元，已摊销400万元，计提资产减值准备30万元，取得转让价款200万元。假设不考虑相关税费，该企业应确认的转让无形资产净收益为（　　）万元。
   A. 30　　　　　B. 0　　　　　C. 12　　　　　D. 18

3. 某企业为增值税一般纳税人。2016年12月5日购入一批材料，增值税专用发票上注明的售价为500万元，增值税税额为85万元，对方代垫保险费10万元，发生入库前的挑选整理费5万元。不考虑其他因素，该批材料的入账价值为（　　）万元。
   A. 600　　　　B. 585　　　　C. 515　　　　D. 500

4. 与年金现值系数互为倒数的是（　　）。
   A. 年金终值系数　　　　　　　B. 资本回收系数
   C. 偿债基金系数　　　　　　　D. 复利终值系数

5. 不会导致固定资产账面价值发生增减的是（　　）。
   A. 盘盈固定资产　　　　　　　B. 对固定资产计提减值准备
   C. 以固定资产对外投资　　　　D. 经营性租赁租入设备

6. 2017年3月20日，甲公司从深交所购买乙公司股票100万股，将其划分为交易性金融资产，购买价格为每股8元，另支付相关交易费用25 000元。6月30日，该股票公允价值为每股10元，当日该交易性金融资产的账面价值应确认为（　　）万元。

A. 802.5　　　　B. 800　　　　　C. 1 000.5　　　　D. 1 000

7. 下列各项中，不会引起利润总额发生增减变动的是（　　）。
   A. 计提存货跌价准备
   B. 确认劳务收入
   C. 确认所得税费用
   D. 确认交易性金融资产出售的投资收益

8. 下列各项中，关于企业无形资产表述不正确的是（　　）。
   A. 使用寿命不确定的无形资产不应摊销
   B. 无形资产应当按照成本进行初始计量
   C. 研究阶段和开发阶段的支出应全部计入无形资产成本
   D. 出租无形资产的摊销额应计入其他业务成本

9. 已知某年商业银行一年期存款年利率为3%，假设通货膨胀率为2%，则实际利率为（　　）。
   A. 1%　　　　B. 0.99%　　　　C. 0.98%　　　　D. 1.5%

10. 科目汇总表账务处理程序一般适用于（　　）。
    A. 经营规模较小、经济业务较少、原始凭证量小的单位
    B. 经营规模较大、经济业务较多、原始凭证量大的单位
    C. 经营规模较小、经济业务较少、记账凭证量小的单位
    D. 经营规模较大、经济业务较多、记账凭证量大的单位

11. 财产清查是通过实地盘点、核对，确定其实存数量与价值，从而查明（　　）是否相符的专门方法。
    A. 账账　　　　B. 账证　　　　C. 账存数与实存数　　　　D. 账表

12. 下列各项中，应计入销售费用的是（　　）。
    A. 销售商品发生的商业折扣
    B. 销售商品发生的销售折让
    C. 销售商品发生的现金折扣
    D. 委托代销商品支付的手续费

13. 某股份有限公司首次公开发行普通股6 000万股，每股价值1元，每股发行价格3元，发生手续费、佣金等500万元，该项业务应计入资本公积的金额为（　　）万元。
    A. 12 500　　　　B. 12 000　　　　C. 11 500　　　　D. 17 500

14.2016年1月1日甲股份有限公司（以下简称甲公司）发行普通股200万股，每股面值1元，每股发行价格4元，股票的发行收入已存入银行。假定不考虑其他因素，甲公司应确认的"股本"科目的金额为（　　）万元。

　　A.0　　　　　　B.800　　　　　　C.600　　　　　　D.200

15.某商场库存商品采用售价金额核算法进行核算。2017年5月初，库存商品的进价成本为34万元，售价总额为45万元。当月购进商品的进价成本为126万元，售价总额为155万元。当月销售收入为130万元。月末结存商品的实际成本为（　　）万元。

　　A.30　　　　　　B.104　　　　　　C.56　　　　　　D.130

16.甲公司2017年12月1日销售一批商品给乙公司，开出的增值税专用发票上注明的售价为230万元，增值税税额为39.1万元，该批商品的成本为150万元。在销售合同中规定现金折扣条件为：2/10，1/20，N/30，乙公司于12月8日付款；12月15日丙公司因11月份购买甲公司的商品不符合质量要求发生销售退回，总成本为110万元，该批商品是甲公司于11月5日出售给丙公司的，且尚未确认收入。该销售退回符合销售合同规定，则甲公司12月份应确认的主营业务成本金额为（　　）万元。（假定计算现金折扣时考虑增值税）

　　A.150　　　　　　B.260　　　　　　C.40　　　　　　D.37

17.下列各项中，应计入期间费用的是（　　）。

　　A.计提车间管理用固定资产的折旧费

　　B.车间管理人员的工资费用

　　C.预计产品质量保证损失

　　D.销售商品发生的商业折扣

18.2016年9月1日，某工业企业转让一项专利权。该专利权成本为250 000元，累计摊销50 000元，取得转让价款300 000元。不考虑其他因素，下列关于该企业转让专利权的会计处理结果正确的是（　　）。

　　A.其他业务收入增加100 000元

　　B.营业外收入增加100 000元

　　C.其他业务收入增加300 000元

　　D.营业外收入增加300 000元

19.2016年12月31日，某企业"工程物资"科目的借方余额为300万元，"发出商品"科目的借方余额为40万元，"原材料"科目的借方余额为70万元，"材料成本差异"科目的贷方余额为5万元。不考虑其他因素，该企业12月31日资产负债表中"存货"项目的期末余额为（　　）万元。

　　A.115　　　　　　B.105　　　　　　C.365　　　　　　D.405

20.某企业只生产一种产品,期初无在产品,本月投产产品2 400件,本月发生直接材料成本10 000元,直接人工成本16 000元,制造费用4 000元。本月共有完工产品600件,在产品1 800件,完工程度平均为50%。本月发生的所有成本均按约当产量比例分配。不考虑其他因素,本月完工产品成本为( )元。

A. 12 000　　　B. 10 000　　　C. 7 500　　　D. 18 000

21.某工业企业有机修和供电两个辅助生产车间,机修车间待分配费用900万元,提供修理工时是450小时,其中供电车间耗用100小时,行政管理部门耗用150小时,基本生产车间耗用200小时,采用交互分配法,机修车间对内分配时的费用分配率是( )。

A. 3.6　　　B. 2.3　　　C. 2.57　　　D. 2

22.某企业生产甲、乙产品共同耗用的燃料费用按定额消耗量比例分配。2017年5月,甲、乙两种产品共同耗用燃料8 000元,甲、乙两种产品的定额消耗量分别为300千克和500千克。2017年5月,甲产品应分配的燃料费用为( )元。

A. 3 000　　　B. 4 000　　　C. 8 000　　　D. 5 000

23.以下属于汇总记账凭证账务处理程序主要优点的是( )。

A. 能够进行试算平衡
B. 减轻登记总账的工作量
C. 便于会计核算工作的分工
D. 总分类账可以较详细地反映经济业务的发生状况

24.下列各项中,属于事业单位货币资金项目的是( )。

A. 短期投资　　　　　　　　B. 事业基金
C. 零余额账户用款额度　　　D. 财政应返还额度

二、多项选择题(本类题共12小题,每小题2分,共24分。每小题备选答案中,有两个或两个以上符合题意的正确答案。多选、少选、错选、不选均不得分)

1.将资本公积转增资本的经济业务,企业会计要素发生变化描述错误的有( )。

A. 资产和所有者权益同时增加
B. 资产和负债同时增加
C. 负债增加,所有者权益减少
D. 所有者权益一增一减

2.下列各项中,应通过"其他货币资金"科目核算的有( )。

A. 银行汇票存款　　　　　　B. 信用卡存款
C. 外埠存款　　　　　　　　D. 存出投资款

3.企业的下列各项固定资产，应计提折旧的有（　　）。
A.已提足折旧的固定资产
B.闲置的固定资产
C.尚未办理竣工决算且已达到预定可使用状态的固定资产
D.经营性租入的固定资产

4.留存收益包括（　　）。
A.未分配利润　　　　　　　　B.盈余公积
C.实收资本　　　　　　　　　D.资本公积

5.下列各项中，会导致企业实收资本增加的有（　　）。
A.接受超过注册资本额部分的投入
B.接受投资者追加投资
C.盈余公积转增资本
D.资本公积转增资本

6.下列关于企业销售商品收入确认时点的表述中，正确的有（　　）。
A.采用支付手续费委托代销方式销售商品，应在收到代销清单时确认收入
B.采用交款提货方式销售商品，应在开出发票收到货款时确认收入
C.采用预收货款方式销售商品，应在收到货款时确认收入
D.采用托收承付方式销售商品，应在发出商品并办妥托收手续时确认收入

7.下列各项中，不应确认为收入的有（　　）。
A.售出商品后在约定的日期以固定价格回购
B.售出商品后进行融资租回
C.已完成销售手续但购买方尚未提取商品
D.售出商品的金额收不到的可能性有60%

8.下列各项中，应列入利润表"营业成本"科目的有（　　）。
A.以经营租赁方式出租设备计提的折旧额
B.出租非专利技术计提的摊销额
C.出售商品的成本
D.对外提供劳务的成本

9.下列需要进行全面财产清查的情况是（　　）。
A.年终决算之前　　　　　　　B.企业股份制改制前
C.进行全面资产评估时　　　　D.单位主要领导调离时

10. 下列各项中，属于事业单位资产类科目的有（　　）。
    A. 零余额账户用款额度　　　　B. 事业结余
    C. 财政应返还额度　　　　　　D. 非流动资产基金

11. 下列各项中，应记入"材料成本差异"账户贷方的有（　　）。
    A. 购进材料实际成本小于计划成本的差额
    B. 发出材料应负担的超支差异
    C. 发出材料应负担的节约差异
    D. 购进材料实际成本大于计划成本的差额

12. 下列经济业务中，不会引起资产与负债同时增加的业务有（　　）。
    A. 从银行提取现金　　　　　　B. 从银行取得短期借款
    C. 用银行存款偿还应付货款　　D. 接受投资人的投资

三、判断题（本类题共10小题，每小题1分，共10分。每小题答题正确的得1分，答题错误的倒扣0.5分，不答题的不得分也不扣分，本类题最低得分为零分）

1. 已达到预定可使用状态但尚未办理竣工决算的固定资产不应计提折旧。（　　）
2. 除了结账和更正错误的记账凭证可以不附原始凭证外，其余的记账凭证均应当附有原始凭证。（　　）
3. 交互分配法特点是辅助生产费用通过一次分配即可完成，减轻分配工作量。（　　）
4. 如果以前年度未分配利润有盈余，在计算提取法定盈余公积的基数时，应包括企业年初未分配利润。（　　）
5. 已经发出但不符合销售商品收入确认条件的商品的会计处理中，不会涉及"应交税费——应交增值税（销项税额）"科目。（　　）
6. 计提资产减值损失会增加营业利润的金额。（　　）
7. 发生额试算平衡，表明记账一定正确。（　　）
8. 固定资产盘盈先通过"待处理财产损溢"科目，批准后再转入"营业外收入"科目中。（　　）
9. 与固定资产有关的经济利益预期实现方式有重大改变的，应当改变固定资产折旧方法，并作为会计估计变更进行会计处理。（　　）
10. 事业单位收到的现金捐赠收入，应计入事业收入。（　　）

四、**不定项选择题**（本类题共15小题，每小题2分，共30分。每小题备选答案中，有一个或一个以上符合题意的正确答案，每小题全部选对得满分，少选得相应分值，多选、错选、不选均不得分）

（一）

企业为增值税一般纳税人，适用的增值税税率为17%。该企业2016年12月初"应付职工薪酬"科目贷方余额为286万元，12月发生的有关职工薪酬的业务资料如下：

（1）以银行存款支付上月的应付职工薪酬，并按规定代扣代缴职工个人所得税6万元和个人负担的社会保险费30万元，实发工资250万元。

（2）分配本月货币性职工薪酬300万元（未包括累计带薪缺勤相关的职工薪酬），其中，直接生产产品人员210万元，车间管理人员30万元，企业行政管理人员40元，专设销售机构人员20万元，该职工薪酬将于下月初支付。

（3）将自产200个保温杯作为本月生产车间工人的福利补贴并已发放。每个保温杯成本为70元，市场售价100元，公司适用增值税税率为17%。

（4）该企业实行累积带薪缺勤制度，期末由于预计10名部门经理人员和15名销售人员未使用带薪休假，预期支付的薪酬金额分别为4万元和8万元。

要求：根据资料，不考虑其他因素，分析回答下列小题（答案中的金额单位用万元表示）。

1.根据资料(1)，下列各项中，关于支付职工薪酬的会计处理正确的是（　　）。

  A. 借：应付职工薪酬   250
     贷：银行存款   250

  B. 借：应付职工薪酬   286
     贷：银行存款   250
       应交税费   6
       其他应付款   30

  C. 借：应付职工薪酬   286
     贷：银行存款   250
       其他应付款   36

  D. 借：应付职工薪酬   250
     贷：银行存款   214
       应交税费   6
       其他应付款   30

2.根据资料(2)，下列各项中，关于确认本月职工薪酬的会计处理结果正确的是（　　）。

  A. 车间管理人员薪酬30万元计入管理费用
  B. 企业行政管理人员薪酬40万元计入管理费用
  C. 直接生产产品人员薪酬210万元计入生产成本
  D. 专设销售机构人员薪酬20万元计入销售费用

3.根据资料(3)，下列各项中，关于该企业发放保温杯福利的会计处理正确的是（　　）。

  A. 借：应付职工薪酬   1.74
     贷：库存商品   1.4

    应交税费——应交增值税（销项税额）   0.34
  B. 借：生产成本   2.34
    贷：应付职工薪酬——非货币性福利   2.34
  C. 借：应付职工薪酬   2.34
    贷：主营业务收入   2
      应交税费——应交增值税(销项税额)   0.34
  D. 借：主营业务成本   1.4
    贷：库存商品   1.4

  4.根据资料（4），下列各项中，关于该企业累积带薪缺勤事项会计处理正确的是（ ）。
  A. 借：生产成本   12
    贷：应付职工薪酬——带薪缺勤   12
  B. 借：其他应付款   12
    贷：应付职工薪酬——带薪缺勤   12
  C. 借：管理费用   4
     销售费用   8
    贷：应付职工薪酬——带薪缺勤   12
  D. 借：管理费用   4
     销售费用   8
    贷：其他应付款   12

  5.根据期初资料、资料(1)至(4)，该企业12月末"应付职工薪酬"科目额是（ ）万元。
  A. 312   B. 314   C. 308   D. 300

（二）

  甲公司为增值税一般纳税人，适用增值税税率为17%，所得税税率为25%。2017年甲公司发生如下经济活动：

  （1）1月10日，甲公司向乙公司销售一批商品，售价为500万元，该批商品实际成本为300万元。甲公司给予乙公司15%的商业折扣并开具了增值税专用发票，合同中规定的现金折扣为2/10、1/20、n/30，甲公司已于当日发出商品，乙公司于1月25日付款，假定计算现金折扣时不考虑增值税。

  （2）5月，销售一批商品给丙公司，开出的增值税专用发票上注明的售价为100万元，增值税税额为17万元。该批商品的成本为50万元。丙公司收到货后发现质量不符合要求，要求在价格上给予10%的折让。甲公司检测后同意丙公司提出的要求。假定此前甲公司已经确认了该批商品的收入，尚未收到货款，发生的销售折让允许扣减当期的增值税销项税额。

（3）7月，甲公司销售原材料收入10万元（不含税），成本为8万元。

（4）8月，出租包装物租金收入2万元，出租无形资产租金收入6万元，罚款收入3万元。

要求：根据上述资料，不考虑其他相关因素，分析回答下列问题（答案中金额单位用万元表示）。

1. 针对资料（1），甲公司下列会计处理中正确的是（　　）。

A. 确认主营业务收入425万元

B. 确认主营业务成本300万元

C. 在收到货款时确认财务费用4.25万元

D. 在收到货款时确认银行存款493万元

2. 根据资料（2），下列说法中正确的是（　　）。

A. 发生销售折让时冲减主营业务收入10万元

B. 销售实现时结转主营业务成本50万元

C. 销售实现时确认主营业务收入117万元

D. 日后实际收到货款时应确认银行存款117万元

3. 根据资料（3），下列关于甲公司销售原材料的会计处理正确的是（　　）。

A. 贷记"主营业务收入"科目

B. 贷记"其他业务收入"科目

C. 借记"其他业务成本"科目

D. 借记"主营业务成本"科目

4. 根据资料（4），下列说法中正确的是（　　）。

A. 应计入主营业务收入的金额为8万元

B. 应计入其他业务收入的金额为3万元

C. 应计入其他业务收入的金额为8万元

D. 应计入营业外收入的金额为3万元

5. 根据上述资料，甲公司应确认的营业收入为（　　）万元。

A. 533　　　　B. 536　　　　C. 543　　　　D. 529.75

（三）

某企业为单步骤简单生产企业，设有一个基本生产车间，连续大量生产甲、乙两种产品，采用品种法计算产品成本。另设有一个供电车间，为全厂提供供电服务，供电车间的费用全部通过"辅助生产成本"归集核算。

2017年12月份有关成本费用资料如下：

（1）12月份发出材料情况。基本成产车间领用材料2 400千克，每千克实际成本40元，共同用于生产甲、乙产品各200件，甲产品材料消耗定额为6千克，乙产品材料消耗定额为4千克，材料成本按照定额消耗量比例进行分配；车间管理部门领用50千克，供电车间领用100千克。

（2）12月份应付职工薪酬情况。基本生产车间生产工人薪酬150 000元，车间管理人员薪酬30 000元，供电车间工人薪酬40 000元，企业行政管理人员薪酬28 000元，生产工人薪酬按生产工时比例在甲、乙产品间进行分配，本月甲产品生产工时4 000小时，乙产品生产工时16 000小时。

（3）12月份计提固定资产折旧费。基本生产车间生产设备折旧费32 000元，供电车间设备折旧费11 000元，企业行政管理部门管理设备折旧费4 000元。

（4）12月份以银行存款支付其他费用支出。基本生产车间办公费24 000元，供电车间办公费12 000元。

（5）12月份供电车间对外提供劳务情况。基本生产车间45 000度，企业行政管理部门5 000度，供电车间的辅助生产费用月末采用直接分配法对外分配。

（6）甲产品月初、月末无在产品。月初乙在产品直接材料成本为27 600元，本月完工产品180件，月末在产品40件。乙产品直接材料成本采用约当产量法在月末完工产品和在产品之间分配，原材料在生产开始时一次投入。

根据上述资料，不考虑其他因素，分析回答下列问题。

1.根据资料（1），12月份甲、乙产品应分配的材料费用正确的是（　　）。
　A. 甲产品1 440　　　　　　　　B. 甲产品57 600
　C. 乙产品960　　　　　　　　　D. 乙产品38 400

2.根据资料（2），12月份甲、乙产品应分配的职工薪酬正确的是（　　）。
　A. 甲产品36 000　　　　　　　B. 甲产品30 000
　C. 乙产品144 000　　　　　　D. 乙产品120 000

3.根据资料（1）至（5），下列各项中，关于12月末分配转出供电车间生产费用的会计处理正确的是（　　）。
　A. 借：制造费用　　　　　　　　　　　　　　　　60 300
　　　　　管理费用　　　　　　　　　　　　　　　　 6 700
　　　　　贷：辅助生产成本　　　　　　　　　　　　　　　　67 000
　B. 借：制造费用　　　　　　　　　　　　　　　　56 700
　　　　　管理费用　　　　　　　　　　　　　　　　 6 300
　　　　　贷：辅助生产成本　　　　　　　　　　　　　　　　63 000
　C. 借：辅助生产成本　　　　　　　　　　　　　　49 500
　　　　　管理费用　　　　　　　　　　　　　　　　 5 500
　　　　　贷：辅助生产成本　　　　　　　　　　　　　　　　55 000

D. 借：制造费用　　　　　　　　　　　　　　50 400
　　　销售费用　　　　　　　　　　　　　　 5 600
　　　贷：辅助生产成本　　　　　　　　　　　　　　56 000

4.根据资料（1）至（5），12月份基本生产车间归集的制造费用是（　　）元。
A. 88 000　　　　　　　　　　　　B. 138 400
C. 144 700　　　　　　　　　　　　D. 148 300

5.根据资料（1）至（6），本月乙产品完工产品的直接材料成本是（　　）元。
A. 31 418.18　　　　　　　　　　　B. 38 400
C. 54 000　　　　　　　　　　　　D. 59 400

答案解析

线上诊断